LOTTE

Frauen um Goethe

dargestellt von Astrid Seele

J. M. Loughridge

March 9th, 2002

Weimar

Rowohlt

rowohlts monographien begründet von Kurt Kusenberg
herausgegeben von Wolfgang Müller und Uwe Naumann

Redaktionsassistenz: Katrin Finkemeier
Umschlaggestaltung: Walter Hellmann
Vorderseite: Goethe mit der Silhouette. Gemälde von
Johann Ehrenfried Schumann, 1778, nach einem 1776 in
Weimar entstandenen Bildnis von Georg Melchior Kraus
Rückseite: Oben: Charlotte Buff. Pastellbild;
Lili Schönemann. Pastellbild eines unbekannten
Künstlers, 1782; Charlotte von Stein. Angebliches
Selbstbildnis, Bleistiftzeichnung.
Unten: Christiane Vulpius. Miniatur von K. J. Raabe;
Marianne von Willemer. Pastellbild von Johann Jacob de Lose,
um 1810; Ulrike von Levetzow. Pastellbild, 1821
Frontispiz: «Die Leiden des jungen Werthers».
Oben: Porträt Lottes. Unten: Werther überrascht Lotte
unter ihren Geschwistern. Nachstich des Titelkupfers
von Daniel Chodowiecki in der Ausgabe
Frankfurt und Leipzig 1778

Originalausgabe
Veröffentlicht im Rowohlt Taschenbuch Verlag GmbH,
Reinbek bei Hamburg, April 1997
Copyright © 1997 by Rowohlt Taschenbuch Verlag GmbH,
Reinbek bei Hamburg
Alle Rechte an dieser Ausgabe vorbehalten
Satz Times PostScript Linotype Library, Quark XPress 3.32
Gesamtherstellung Clausen & Bosse, Leck
Printed in Germany
ISBN 3 499 50492 8

5. Auflage. 22.–27. Tausend November 1999

Inhalt

«Goethe auf dem Eise», während seiner Frankfurter Zeit 1771–1775.
Aus: Goethe-Galerie, nach Original-Cartons von Wilhelm von Kaulbach von
1862, München 1857–1864 (vorn sitzend: Maximiliane von LaRoche-Brentano)

Frauen um Goethe –
Goethe und die Frauen

> Meine Idee von den Frauen ist nicht von den Erschei-
> nungen der Wirklichkeit abstrahiert, sondern sie ist
> mir angeboren oder in mir entstanden, Gott weiß wie.
> (Goethe am 22. Oktober 1828 zu Eckermann)

Johann Wolfgang von Goethes Drang, sich selbst darzustellen, über sich selbst Rechenschaft abzulegen, ist bekannt. Seine dichterischen Werke bezeichnete er selbst einmal als «Bruchstücke einer großen Konfession»[1]. Gegen seine Absicht legitimierte diese Äußerung den oft platten Biographismus seiner Ausleger. Deutlicher autobiographische Zeugnisse sind jedoch seine zahlreichen erhaltenen Briefe, von denen weit über ein Zehntel an die Seelenfreundin Charlotte von Stein gerichtet sind. Hinzu kommen die Tagebücher, die autobiographischen Fragmente und die im Alter niedergeschriebenen Erinnerungen in «Dichtung und Wahrheit». Eine Biographie, die Goethes Leben aus seiner eigenen Sicht darstellen möchte, kann sich somit auf eine ungeheure Materialfülle stützen.

Anders sieht es mit den Frauen um Goethe aus. Versucht man herauszufinden, wie die Frauen, die von dem Dichter einst verehrt oder geliebt wurden, nun ihrerseits ihre Beziehung zu Goethe interpretierten, was sie ihnen bedeutete, so fehlt es häufig gänzlich an Selbstzeugnissen. Dies mag zum einen an der zufälligen Ungunst der Überlieferung liegen, beruht bisweilen jedoch auf der ganz bewußten Vernichtung wertvollen Quellenmaterials. Nicht nur hat Goethe selbst in einem großen Autodafé 1797 alle bis 1792 erhaltenen Briefe verbrannt, sondern schon Jahre zuvor, nach ihrem Bruch mit Goethe, hat Charlotte von Stein etwa ihre Briefe an Goethe zurückgefordert und vernichtet. So ergibt sich im Falle gerade dieser für Goethe so wichtigen Beziehung die eigenartige Situation, daß uns von Goethes Dialog mit Frau von Stein während seines ersten Weimarer Jahrzehnts lediglich die eine Hälfte überliefert ist, die Antworten der geliebten Freundin jedoch unbekannt geblieben sind. Auch sonst, bei Charlotte Buff-Kestner etwa oder Lili Schönemann-von Türckheim, setzen Selbstzeugnisse häufig erst in einer Zeit ein, in der ihre Beziehung zu Goethe längst abgeklungen ist. So gewinnt der Interpret oft nur aus vielfältigen Brechungen oder, um einen Ausdruck Goethes zu verwenden, aus «wiederholten Spiegelungen» seine Eindrücke und muß aus indirekten Quellen Rückschlüsse zu ziehen suchen, welche Bedeutung Goethe im Leben der jeweiligen Frauen besaß.

«Frauen um Goethe» – aus dieser Formulierung wird bereits deutlich, daß Goethe der Fokus ist, an dessen Biographie auch die Frauenviten sich zunächst einmal orientieren müssen. Die goethezentrierte Betrachtungsweise, die einst in der deutschen Geistesgeschichte Programm war (Goethe als die alles beherrschende Sonne, deren Strahlen den Menschen in ihrem Umkreis erst Licht verliehen), scheint damit zunächst einmal auch in diesen biographischen Skizzen zwar beibehalten, ist hier aber durch die Einsicht bedingt, daß die Quellenlage in einigen Fällen kein anderes Verfahren zuläßt: Die einseitige und verzerrende Perspektive der Überlieferung erlaubt einen Blick auf die Frauen um Goethe oft nur aus der Sicht Goethes.

Diese Einsicht wiederum führt einerseits dazu, daß die ‹erotische Biographie› des Dichters als chronologischer Leitfaden durch die Lebensgeschichten der einzelnen Frauen dient; sie soll andererseits keineswegs verhindern, daß der Lebensweg dieser Frauen auch über die Zeit ihres Umgangs mit dem Dichter weiter verfolgt wird. Wo immer dies möglich ist, soll durch die Wiedergabe überlieferter Zeugnisse und Selbstzeugnisse auch diesen Frauen Gerechtigkeit widerfahren, sollen sie gleichsam aus dem Bannkreis Goethes herausgelöst und als die unabhängigen Persönlichkeiten charakterisiert werden, die sie waren.

Unabhängige Persönlichkeiten einerseits, typische Vertreterinnen der Frauen der Goethezeit andererseits: dies waren sie allesamt, die Goethe auf ihrem Lebensweg begegneten. Die Generation seiner Eltern (Goethes patente Mutter), seine Altersgenossinnen (frühe Freundinnen wie Friederike Brion, Charlotte Buff, Lili Schönemann) und schließlich die Generation seiner Kinder (zu einem solchen ‹Kind› stilisierte sich insbesondere Bettine Brentano-von Arnim gern): Sie alle waren jeweils besondere Persönlichkeiten, trugen zugleich jedoch auch an den typischen Frauenproblemen der Goethezeit, die ihnen allen gemeinsam waren.

Das wichtigste Kennzeichen, nicht nur alle Generationen, sondern auch alle Stände durchziehend, stellte sicherlich der Kinderreichtum dar, verbunden mit einer nach heutigen Begriffen kaum vorstellbar hohen Kindersterblichkeit. Betrachten wir die Viten der Beamtengattin Charlotte Buff-Kestner (zwölf Kinder, davon zwei im Kindesalter gestorben), der Kaufmannsgattin Maximiliane von LaRoche-Brentano (dreizehn Kinder; Maxe selbst stirbt nach der Geburt ihres dreizehnten Kindes im Alter von erst siebenunddreißig Jahren), der Bankiersgattin Lili Schönemann-von Türckheim (sechs Kinder, davon eines im Kindesalter gestorben), der adligen Hofdame Charlotte von Stein (sieben Kinder, davon vier im Kindesalter gestorben), der Christiane Vulpius (fünf Kinder, da-

Katharina Elisabeth Goethe.
Pastell von Georg Oswald
May, 1776

von vier im Kindesalter gestorben) und auch noch der Dichtersgattin
und nachmaligen Schriftstellerin Bettine Brentano-von Arnim (sieben
Kinder), so muten deren Lebenswege zunächst gleichförmig an: Der
ständige und zermürbende Wechsel von anstrengenden Schwangerschaften über die Freude am Nachwuchs und seine Taufe bis hin zum Kinder-
begräbnis bestimmte den Familienalltag häufig weit mehr als ein Jahrzehnt, oft zwei Jahrzehnte lang.

Der zweite Frauentypus, der nämlich der unverheiratet gebliebenen
Frauen, begegnet uns auffallend häufig in Goethes Biographie – oft (freilich nicht notwendigerweise) entsprach dieser Frauentypus dem einer
unnahbaren «Äbtissin». Der Keim hierzu mag in Goethes intensiver, latent inzestuöser Beziehung zu seiner Schwester Cornelia gelegt worden
sein, von der er im achtzehnten Buch von «Dichtung und Wahrheit»
selbst sagt: «Aufrichtig habe ich zu gestehen, daß ich mir, wenn ich
manchmal über ihr Schicksal phantasierte, sie nicht gern als Hausfrau,
wohl aber als Äbtissin, als Vorsteherin einer edlen Gemeine gar gern
denken mochte. Sie besaß alles, was ein solcher höherer Zustand verlangt, ihr fehlte, was die Welt unerläßlich fordert.»

Seine Jugendliebe Friederike Brion starb unverheiratet, geliebt und

Cornelia Goethe. Handzeichnung von Goethe auf einem Korrekturbogen der Erstausgabe des «Götz von Berlichingen mit der eisernen Hand», 1773

geachtet zwar als ‹Tante› zahlreicher Patenkinder, aber ohne ihr Glück in einer sinnlichen Beziehung gefunden zu haben. Minchen Herzlieb starb in einer psychiatrischen Heilanstalt, nachdem eine von Anfang an unlustig eingegangene Ehe sie ähnlich wie Cornelia in die Katastrophe gestürzt hatte. Auch Ulrike von Levetzow, Goethes letzte Liebe, starb als hochbetagtes Stiftsfräulein in Böhmen. Nur die Hand, um die Goethe einst angehalten hatte, küßte man ihr ehrfurchtsvoll.

Ulrike von Levetzows Biographie spiegelt den typischen Lebenslauf einer unverheirateten Dame von Adel wider. Während einfachere junge Frauen wie Friederike Brion oft keine andere Wahl hatten, als ein Leben in völliger Zurückgezogenheit zu führen, abhängig zu sein davon, daß verheiratete Schwestern oder andere Verwandte ihnen Kost und Logis

10

gewährten, fanden Damen von Adel ihr neues Zuhause häufig in einem Stift, einer religiösen Institution, die vom Landadel eigens zu diesem Zweck gegründet worden war und in der die Stiftsdamen zwar ähnlich wie Nonnen lebten, an eine klösterliche Regel oder gar ein Gelübde jedoch nicht gebunden waren. Manchmal konnte es geschehen, daß ein solches Stiftsfräulein doch noch heiratete und dann aus dem Stift wieder auszog. Diesen Weg ging etwa Goethes Briefvertraute Auguste zu Stolberg, die im Jahre 1783 im für damalige Begriffe hohen Alter von vierunddreißig Jahren den Grafen Andreas Peter von Bernstorff ehelichte. Meistens jedoch bedeutete, wie im Falle der Ulrike von Levetzow, die teure Aufnahme in ein Stift soviel wie ‹lebenslänglich›.[2]

Neben die sozialen Gemeinsamkeiten (hier der Kinderreichtum der verheirateten Frauen, dort die Einsamkeit der Stiftsfräulein) treten die zeitgeschichtlichen Geschehnisse, insbesondere die für die Goethezeit so ungemein prägende Französische Revolution und die Ära Napoleons, die auch auf die Frauen um Goethe Auswirkungen zeitigen sollten.

Wir werden sehen, wie Revolutionskriege und Feldzüge Napoleons zunächst 1794 Lili von Türckheim betrafen, die in Straßburg dem Geschehen natürlich am nächsten war und aufgrund der politischen Ereignisse mit ihrer Familie ins Exil gehen mußte, wie sie sodann Charlotte Kestner erreichten, die ein ganzes Jahrzehnt lang, von 1803 bis 1813, in Hannover unter französischen Einquartierungen zu leiden hatte, wie sie schließlich auch Weimar und Jena heimsuchten, wo französische Soldaten nach der Schlacht bei Jena und Auerstedt von 1806 plündernd durch die Städte zogen.

Charlotte von Stein etwa verlor als Dreiundsechzigjährige einen großen Teil ihres Besitzes. Christiane Vulpius hielt tapfer zu ihrem Lebensgefährten, der es ihr noch während der Belagerung von Weimar damit dankte, daß er sie nach achtzehn gemeinsamen Jahren zu seiner legitimen Ehefrau machte – mit der Begründung, daß man in friedlichen Zeiten die Gesetze sehr wohl umgehen, in Zeiten politischer Wirren und chaotischer Zustände aber um so mehr sie achten müsse. Johanna Schopenhauer, gerade erst zugezogen in Weimar, bestand nach einem Diktum Goethes ihre Feuertaufe glänzend, da sie zahlreichen Betroffenen Hilfe und Trost gewährte.

Hier geht es jedoch nicht in erster Linie um eine exemplarische Studie über Frauen der Goethezeit. Auch und vor allem interessiert uns das Thema «Goethe und die Frauen». Die Biographie des Dichters fungiert somit nicht nur als historisches Gerüst, als chronologischer Leitfaden durch die Frauenviten. Vielmehr geht es gleichzeitig um Goethes prekäres Verhältnis zu den Frauen, zu Fragen also wie: Zu welchem Frauentypus fühlte sich Goethe hingezogen? Welcher Frau neigte er sich wann zu und warum? Welche weiblichen Eigenschaften schätzte er in welcher Phase seines Lebens?

Beschreibt man anhand exemplarischer Frauenschicksale den ‹erotischen Werdegang› Goethes, so ergibt sich als natürliche Zäsur dieselbe, die auch jede Goethe-Biographie anerkennt, Goethes Reise nach Italien nämlich, von der er als ein ganz anderer zurückkam. Nicht nur verändert in seinen Kunstanschauungen, sondern auch bereichert um eine sinnliche Liebeserfahrung, die ihm – erst jetzt – die Aufnahme einer dauerhaften Beziehung ermöglichte. Zuvor war Goethe immer wieder vor einer allzu intensiven Bindung zurückgeschreckt, möglicherweise aufgrund eines geheimen Bandes, das ihn an die Schwester Cornelia fesselte (wir werden sehen, daß es nicht zuletzt Cornelias Murren war, das ihn seiner einzigen Verlobten Lili Schönemann entfremdete), möglicherweise auch aufgrund seiner Scheu, eine Bindung einzugehen, die ihn in seiner dichterischen Entwicklung zurückgehalten hätte, vielleicht auch – psychoanalytische Deutungen seiner Schriften haben dies nahegelegt – aufgrund einer sexuellen Hemmung, von der ihn erst das befreiende Italien-Erlebnis erlöste. Aus Leipzig flieht er vor Käthchen Schönkopf, aus Sesenheim vor Friederike Brion, aus Wetzlar vor Charlotte Buff, aus Frankfurt vor Lili Schönemann, aus Weimar vor Charlotte von Stein.

Durch die Briefe an die jeweiligen Vertrauten seiner Liebesnöte, an Ernst Wolfgang Behrisch in Leipzig, an den Aktuarius Johann Daniel Salzmann in Straßburg, an Lottes Bräutigam Johann Christian Kestner in Wetzlar oder an die schwesterliche Beichtmutter Auguste zu Stolberg in der Zeit seines Verlöbnisses mit Lili Schönemann und danach zieht sich wie ein roter Faden das Bild von der «Wetterfahne», als die der hin- und hergerissene junge Dichter sich selbst charakterisiert: «Das ist ein trauriger Brief, ein rechter ängstlicher Ton gegen meine launigen, närrischen Briefe. So ist's. Eine Wetterfahne, die sich dreht, immer dreht.»[3] (An Behrisch am 2. November 1767) – «Der Kopf steht mir wie eine Wetterfahne, wenn ein Gewitter heraufzieht und die Windstöße veränderlich sind.»[4] (An Salzmann am 29. Mai 1771) – «Ich wandere in Wüsten, da kein Wasser ist, meine Haare sind mir Schatten und mein Blut mein Brunnen.»[5] (An Kestner im April 1773) – «Unseliges Schicksal, das mir keinen Mittelzustand erlauben will. Entweder auf einem Punkt fassend, festklammernd, oder schweifen gegen alle vier Winde.»[6] (An Auguste zu Stolberg am 3. August 1775)

Verglichen mit diesen stürmischen Gemütsaufwallungen, von denen die Korrespondenzen des jungen Goethe glaubhafteres Zeugnis ablegen als die aus distanzierter Perspektive abgefaßte Autobiographie «Dichtung und Wahrheit», hat Goethe nach seiner italienischen Reise in der Tat Stabilität gefunden, nicht zuletzt in seiner Beziehung zu Christiane Vulpius. Zwar fühlte er sich auch während dieser achtundzwanzig Jahre andauernden Lebensgemeinschaft zu anderen Frauen hingezogen, zu Minchen Herzlieb etwa, die er 1807/08 in Sonetten verherrlichte, zu

Anna Katharina (Käthchen) Schönkopf, verh. Kanne. Undatierter Stahlstich von A. Hüssener nach einer zeitgenössischen Miniatur

Bettine Brentano, nachmals von Arnim, deren Zudringlichkeit er sich freilich oft genug zu erwehren hatte, oder zu Marianne von Willemer, die als Suleika in seinem «West-östlichen Divan» verewigt wurde, dennoch konnte keine dieser Beziehungen die seelische Balance Goethes so ernsthaft gefährden, wie dies in seiner Jugend der Fall gewesen war. Erst sieben Jahre nach dem Tod seiner Frau Christiane flammt in dem alten Dichter noch einmal eine Leidenschaft zu der jungen Ulrike von Levetzow auf, deren Intensität sie seinen Aufwallungen zu den Geliebten seiner voritalienischen Zeit vergleichbar macht.

Sieht man einmal von jenem rätselhaften Frankfurter «Gretchen» ab, das Goethe in seiner Autobiographie, vermutlich stark literarisierend, beschreibt, so erfährt Goethe seine erste Liebe als Leipziger Student in seiner Beziehung zu der Wirtstochter Käthchen Schönkopf, die er 1766 kennengelernt hat. All die typischen Momente, die die Liebesverhältnisse des jungen Goethe kennzeichnen, sind hier bereits vorhanden: die intensive Liebe zu Beginn der Bekanntschaft, die sich sogleich in Dichtungen niederschlägt (das «Buch Annette» verherrlicht seine Beziehung zu Käthchen), sodann eine Periode der Schwankungen, in der Goethe sich mit einer Wetterfahne im Wind vergleicht, und schließlich die Flucht.

Anna Katharina Schönkopf, 1746 geboren und damit drei Jahre älter als Goethe, wird von Goethes Freund Johann Adam Horn als «wohl gewachsen, obgleich nicht sehr groß» geschildert, sie habe «ein rundes, freundliches, obgleich nicht außerordentlich schönes Gesicht», «eine offne, sanfte, einnehmende Miene», «viel Freimütigkeit ohne Koketterie» und «einen sehr artigen Verstand, ohne die größte Erziehung gehabt zu haben».[7]

Goethe, so fährt Horn fort, liebe das Mädchen zärtlich, obwohl er wisse, daß sie nie seine Frau werden könne. In seiner Dichtung besingt Goethe die Geliebte, freilich noch ohne sich von den vorgegebenen lyrischen Traditionen des Rokoko lösen zu können. («Warum sollt' ich, Annette / Die Du mir Gottheit, Muse / Und Freund mir bist und alles / Dies Buch nicht auch nach Deinem / Geliebten Namen nennen?») Daß Goethe in Wirklichkeit das Verhältnis zu Käthchen durch unnötige Eifersuchtsanfälle belastet habe, berichtet er selbst in seiner Darstellung der Leipziger Zeit im siebten Buch von «Dichtung und Wahrheit».

Literarischen Niederschlag hat diese Episode in Goethes frühem Drama «Die Laune des Verliebten» gefunden, auch dies – wie so oft bei Goethe – eine poetische Beichte.

Aus den Briefen an Ernst Wolfgang Behrisch spricht all dies unmittelbarer noch, auch die heftige Gemütsbewegung, die Goethe immer dann zu überkommen pflegte, wenn ein Verhältnis ihn zu ängstigen begann. Die Korrespondenz mit Behrisch dokumentiert eben diese zweite Phase in seinem Verhältnis zu Käthchen: «Liebe ist Jammer, aber jeder Jammer wird Wollust, wenn wir seine klammernde, stechende Empfindung, die unser Herz ängstigt, durch Klagen lindern.»[8] Auch die dritte Phase – die Flucht vor dem Gegenstand der Liebe – können wir in derselben Korrespondenz belegen. Kurz vor seinem endgültigen Bruch schreibt Goethe an Behrisch: «Höre Behrisch, ich kann, ich will das Mädchen nie verlassen, und doch muß ich fort, doch will ich fort […]. Kann sie einen rechtschaffnen Mann kriegen, kann sie ohne mich glücklich leben, wie fröhlich will ich sein.»[9] Und bald darauf kann er dem Freund berichten: «Genug sei dir's, Nette, ich, wir haben uns getrennt, wir sind glücklich.»[10] Daß «Annette» ihn verlassen habe, wie Goethe in «Dichtung und Wahrheit» an anderer Stelle behauptet[11], scheint somit eine durch Goethes Briefe an Behrisch widerlegbare Darstellung der Ereignisse zu sein. Mehr noch aber wird diese Umkehrung der wahren Verhältnisse dadurch widerlegt, daß die folgenden Liebeserlebnisse des jungen Goethe exakt den gleichen Verlauf zeigen wie seine Leipziger Erfahrung. Wir werden dies beobachten, wenn wir uns nach Sesenheim wenden.

Friederike Brion
«Ein allerliebster Stern»
am ländlichen Himmel

Wer sich ein Bild von Friederike Brion, der Pfarrerstochter im elsässischen Sesenheim, machen möchte, sieht sich mit einer mißlichen Quellenlage konfrontiert. Von Friederike selbst hat sich kein einziges Bildnis erhalten, das Anspruch auf Authentizität erheben darf, denn daß jenes hübsche Elsässer Mädchen, dessen Porträt sich im Nachlaß des Dichters Jakob Michael Reinhold Lenz gefunden hat, mit Goethes Jugendliebe identisch ist, steht keineswegs fest. Selbstzeugnisse Friederikes existieren so gut wie gar nicht, sieht man einmal von einer banalen Nachschrift an Verwandte ab, die sie einem Brief ihrer Schwester Sophie anfügte. Zwar soll der junge Jurastudent Johann Wolfgang Goethe etwa dreißig Briefe an Friederike geschrieben haben, jedoch sind diese von derselben Schwester Sophie – ihrem eigenen Zeugnis zufolge – verbrannt worden. Lediglich ein einziger Brief Goethes an Friederike existiert noch und selbst dieser nur im Konzept.

Dadurch ergibt sich die eigentümliche Situation, daß die berühmte und schon bald nach Erscheinen von Goethes «Dichtung und Wahrheit» sagenumwobene Friederike Brion uns nur gespiegelt im Urteil Goethes kenntlich

Diese Silberstiftzeichnung von Johann Friedrich August Tischbein soll Friederike Brion darstellen wird. Im zehnten und elften Buch seiner Autobiographie hat Goethe in kunstvoll-novellesker Ausgestaltung und unter permanenter Spiegelung der Familie Brion in der Familie des Goldsmithschen «Landpfarrers von Wakefield» seine Sesenheimer Liebesgeschichte dargestellt. Dabei hat er allerdings ‹Wahrheit› lediglich auf einer höheren Ebene, nicht aber im historischen Detail angestrebt, ganz im Sinne seiner Äußerung zu Eckermann vom 30. März 1831: «Ein Faktum unseres Lebens gilt nicht, insofern es wahr ist, sondern insofern es etwas zu bedeuten hatte.»

Will man sich der historischen Wahrheit nähern, dann kann dies nur gelingen, wenn man Goethes zeitgenössische Zeugnisse mit seiner Altersdarstellung einer über vierzig Jahre zurückliegenden Episode in Beziehung setzt. Auch in Straßburg, wie Jahre zuvor in Leipzig und bald nach seiner Straßburger Zeit in Wetzlar, vertraut Goethe seine innersten Gefühle, sein Wanken und Irren in Liebesangelegenheiten, einem Dritten an. Hatte er in Leipzig seinen Freund Ernst Wolfgang Behrisch zu seinem ‹Beichtvater› gemacht und in seinem lebhaften und genialischen Briefstil den Sturm und Drang vorweggenommen, noch lange bevor dieser sich als literarische Strömung durchsetzte, so wird er nach seiner Straßburger Zeit Johann Christian Kestner, den Bräutigam seiner verehrten Charlotte Buff, an seinen Gefühlsschwankungen, an seiner inneren Zerrissenheit teilhaben lassen, freilich noch nicht während des insgesamt wohl recht harmonischen Wetzlarer Sommers, sondern erst in den einsamen Frankfurter Jahren 1772 bis 1774, bis hin zur befreienden Niederschrift seines Romans «Die Leiden des jungen Werthers».

Sein Vertrauter in Straßburg war der Aktuarius Johann Daniel Salzmann. Fünf Briefe Goethes an den väterlichen Freund haben sich erhalten, die Aufschluß darüber geben, wie sehr das anfangs so idyllische Verhältnis zu Friederike Brion, insbesondere aber die möglichen Konsequenzen den jungen Studenten bald zu überfordern begannen. Diese wertvollen Zeugnisse ergänzen und korrigieren Goethes verklärende Darstellung der Ereignisse in «Dichtung und Wahrheit» in ähnlicher Weise, wie seine Briefe an Johann Christian Kestner aus den Jahren 1772 bis 1774 seine spätere autobiographische Schilderung der Wetzlarer Geschehnisse in vielen Teilen berichtigen, zumindest aber in ein anderes Licht rücken. Zu diesen Zeugnissen treten Goethes Gedichte der Straßburger Studienzeit, die «Sesenheimer Lieder» an Friederike, die als autobiographische Quellen allerdings nur mit aller Vorsicht hinzugezogen werden dürfen.

Nach seinem abrupten Abschied Anfang August 1771 von Sesenheim und Friederike – der Medizinstudent Friedrich Leopold Weyland hatte den Freund 1770 in der Pfarrersfamilie Brion eingeführt, und Goethe hatte an der Seite der Geliebten zunächst glückliche Monate verbracht – hat der Dichter die einstige Freundin nur noch einmal wiedergesehen, als er sie im September 1779 während seiner zweiten Schweizer Reise in

«Das Pfarrhaus zu Sesenheim». Rötelzeichnung von Goethe, 1770/71

ihrem Pfarrhaus aufsuchte. Diesen Besuch hat Goethe gleich zweimal geschildert: einmal in einem unmittelbar danach geschriebenen Brief an Charlotte von Stein, ein zweites Mal in seinen «Biographischen Einzelheiten», vermutlich 1813 im Zusammenhang mit der Abfassung seiner Autobiographie entstanden.

Hiermit sind die Quellen für eine Darstellung der Beziehung Goethes zu Friederike bereits erschöpft. Für Friederikes späteres Leben sind, neben zahllosen Gerüchten und oft unhaltbaren Legenden, nur wenige äußere Daten überliefert. Der Dichter Jakob Michael Reinhold Lenz verkehrte auf Goethes Spuren ebenfalls im Pfarrhaus zu Sesenheim, auch er faßte zu Friederike eine Neigung, wählte – in merkwürdiger Wiederholung – gleichfalls den Aktuarius Salzmann zu seinem Vertrauten und schilderte ihm seine Liebe. In einem anrührenden Gedicht hat er Friederikes Anhänglichkeit an Goethe in Verse gefaßt und damit bei der Nachwelt den Eindruck noch gefestigt, den schon Goethes eigene Darstellung der Liebesgeschichte bei den Lesern von «Dichtung und Wahrheit» hervorgerufen hatte, daß nämlich der junge, verantwortungslose Dichter Johann Wolfgang Goethe der Pfarrerstochter das Herz gebrochen habe:

Ach immer, immer, immer doch
Schwebt ihr das Bild an Wänden noch

Von einem Menschen, welcher kam
Und ihr als Kind das Herze nahm.[12]

Es ist allerdings ungewiß, ob Lenz Friederike tatsächlich liebte oder nur in einer Art Überidentifikation die Erlebnisse Goethes nachempfinden wollte. Er wird schließlich bald nach Weimar ziehen und dort ausgerechnet Goethes Seelenfreundin Charlotte von Stein in der englischen Sprache unterrichten. Ungewiß ist auch, ob und bis zu welcher Grenze Friederike die Liebe von Lenz erwiderte.

Jedenfalls ist verbürgt, daß Friederike bis zum Ende ihres Lebens unverheiratet blieb, daß sie 1787 nach dem Tod ihrer Eltern gemeinsam mit ihrer jüngeren, gleichfalls ledigen Schwester Sophie nach Rothau zog, wo ihr Bruder Christian Brion als Pfarrer lebte, und daß sie dort einen (offenbar erfolglosen) Handel mit Töpfergut betrieb. Von Rothau zog Friederike 1802 zu ihrer älteren, verheirateten Schwester Salome Marx ins Diersburger Pfarrhaus und von dort 1805, gemeinsam mit ihren Verwandten, nach Meißenheim bei Lahr. Sie übernahm zahlreiche Patenschaften und war, zeitgenössischen Zeugnissen zufolge, als ‹Tante› recht beliebt. Sie starb am 3. April 1813, in eben jenem Jahr, in dem sie durch das Erscheinen von Goethes «Dichtung und Wahrheit» literarisch wiedergeboren wurde, in Meißenheim, wo sie auch begraben liegt. Ein Grabstein, der 1866 ihr zu Ehren enthüllt wurde, widmet ihr die Verse:

Ein Strahl der Dichtersonne fiel auf sie
So reich, daß er Unsterblichkeit ihr lieh.[13]

Diese dürren Daten und spärlichen Quellen reichen gerade für ein biographisches Gerüst von Friederike Brions Leben, ein lebendiges Bild der Elsässerin lassen sie allerdings nicht entstehen. Anders als bei Charlotte Buff-Kestner oder Lili Schönemann-von Türckheim, deren Lebenswege wir dank einer Fülle von Zeugnissen, einschließlich vieler Selbstzeugnisse, auch über ihre Episode mit Goethe hinaus verfolgen können, ist die Überlieferung bei Friederike so knapp, daß sie für uns stets jenes Mädchen vom Land bleiben wird, als das Goethe sie im zehnten Buch von «Dichtung und Wahrheit» charakterisiert: «In diesem Augenblick trat sie wirklich in die Türe», so schildert Goethe seinen ersten Eindruck, «und da ging fürwahr an diesem ländlichen Himmel ein allerliebster Stern auf. Beide Töchter trugen sich noch deutsch, wie man es zu nennen pflegte, und diese fast verdrängte Nationaltracht kleidete Friederiken besonders gut. Ein kurzes weißes rundes Röckchen mit einer Falbel, nicht länger, als daß die nettsten Füßchen bis an die Knöchel sichtbar blieben; ein knappes weißes Mieder und eine schwarze Taffetschürze – so stand sie auf der Grenze zwischen Bäuerin und Städterin.

Schlank und leicht, als wenn sie nichts an sich zu tragen hätte, schritt sie, und beinahe schien für die gewaltigen blonden Zöpfe des niedlichen Köpfchens der Hals zu zart. Aus heiteren blauen Augen blickte sie sehr deutlich umher, und das artige Stumpfnäschen forschte so frei in die Luft, als wenn es in der Welt keine Sorge geben könnte; der Strohhut hing ihr am Arm, und so hatte ich das Vergnügen, sie beim ersten Blick auf einmal in ihrer ganzen Anmut und Lieblichkeit zu sehn und zu erkennen.» Die positivistische Goethe-Philologie des 19. und des beginnenden 20. Jahrhunderts freilich mit ihrem Horror vacui hat die Lücken in der Überlieferung fleißig auszufüllen versucht. Dickleibige Friederike-Biographien erschienen, in denen die Elsässer Pfarrerstochter entweder verklärt oder verdammt wurde. Mit wahrem Bienenfleiß wurden Kirchenbücher gewälzt, um Friederike ein oder gar mehrere uneheliche Kinder nachzuweisen, oder alte Elsässer Bauern und Bäuerinnen nach ihren Erinnerungen befragt. Alle Klatsch- und Tratschgeschichten, derer man habhaft werden konnte, wurden (meist ungeprüft) publiziert, und erst 1947 versuchte Stephan Ley in seiner Monographie «Goethe und Friederike» mit dem autoritativen Untertitel «Versuch einer kritischen Schlußbetrachtung» diesem sich als Philologie gebärdenden Treiben ein Ende zu setzen.

Wir wollen diese merkwürdige Forschungsgeschichte hier nicht noch einmal aufrollen, sondern uns auf Goethe und seine Darstellung der Friederike Brion beschränken, zugleich auch versuchen, eine Erklärung für seine Flucht zu finden. Goethe selbst hat sich keineswegs geschont, als er diese Flucht aus Sesenheim in «Dichtung und Wahrheit» darstellte, im Gegenteil. Seine Schilderung der Ereignisse trägt sehr stark den Charakter einer literarischen Beichte, und auch in seinen Dichtungen suchte er «durch selbstquälerische Büßung […] einer innern Absolution würdig zu werden. Die beiden Marien in ‹Götz von Berlichingen› und ‹Clavigo›, und die beiden schlechten Figuren, die ihre Liebhaber spielen, möchten wohl Resultate solcher reuigen Betrachtungen gewesen sein.»[14]

In «Dichtung und Wahrheit» hat Goethe mehrere diskrete Hinweise gegeben, wie seine Flucht gedeutet werden könne. Da ist zum einen der Verweis auf jene Lucinde, die einst – Goethe schildert den Vorfall im neunten Buch seiner Autobiographie – in grenzenloser Eifersucht auf ihre Schwester, die sie von Goethe bevorzugt glaubte, Goethes Lippen verflucht hatte – und mit diesen auch das erste Mädchen, das von Goethe geküßt werde. Glaubt man Goethes rückschauender Darstellung, so hat abergläubische Furcht ihn noch im Anfang seiner Sesenheimer Zeit davor zurückgehalten, ein Mädchen zu küssen, selbst in harmlosen Pfänderspielen. Doch plötzlich, so Goethe, seien «alle hypochondrischen abergläubischen Grillen» verschwunden gewesen, und er habe Friederike «recht herzlich» geküßt. Nur wenige Zeilen später schildert er, daß er in derselben Nacht von Alpträumen geplagt aufgewacht sei. «In solchen Stunden und Lagen ist es, wo die Sorge, die Reue den wehrlos hingestreckten Menschen zu überfallen pflegen.» In seinen Träumen sieht er Lucinde ihre Verwünschung aussprechen, sieht Friederike bleich unter den Folgen jenes Fluches leiden. «Die zarte Gesundheit Friederikens schien den gedrohten Unfall zu beschleunigen, und nun kam mir ihre Liebe zu mir recht unselig vor; ich wünschte über alle Berge zu sein.»

Zwar verflüchtigten sich solch angstvolle Überlegungen bei Tageslicht und insbesondere nach Goethes Rückkehr in die Stadt Straßburg wieder, an ihre Stelle treten aber rationale Bedenken gegen eine Fortsetzung des Verhältnisses: «Allein das Schlimmste war, daß jener Wahn, indem er floh, eine wahre Betrachtung über den Zustand zurückließ, in welchem sich immer junge Leute befinden, deren frühzeitige Neigungen sich keinen dauerhaften Erfolg versprechen dürfen. So wenig war mir geholfen, den Irrtum los zu sein, daß Verstand und Überlegung mir nur noch schlimmer in diesem Fall mitspielten. Meine Leidenschaft wuchs, je mehr ich den Wert des trefflichen Mädchens kennen lernte, und die Zeit rückte heran, da ich so viel Liebes und Gutes, vielleicht auf immer, verlieren sollte.» Ähnlich wie die rationalistische und die psychoanalytische Goethe-Auslegung, so oszilliert bereits Goethes eigene Darstellung zwischen den beiden Polen rationaler und irrationaler Bindungsangst.

Einen zweiten Hinweis auf die Deutung der Flucht aus Sesenheim hat Goethe dadurch gegeben, daß er die Erzählung von der «Neuen Melusine» erwähnt, durch die er die Brions erfreut haben will. Tatsächlich hat Goethe diese Erzählung erst viele Jahre später niedergeschrieben und in «Wilhelm Meisters Wanderjahre» eingefügt. Zwar kann er sie trotzdem schon 1770/71 erzählt haben, dennoch kommt es aber auch bei dieser Episode wieder mehr auf die höhere Wahrheit als auf historische Detailtreue an. «Die Neue Melusine» schildert die Geschichte eines Mannes, der sich am Ende freiwillig schrumpfen läßt, um mit seiner Geliebten, einer Zwergin, glücklich zu werden. Obwohl der Mann sich zunächst durchaus wohl fühlt im Staat der Zwerge, mißlingt das Experiment, denn: «Ich empfand einen Maßstab voriger Größe, welcher mich unruhig und unglücklich machte.»[15]

Die rationalistische Goethe-Forschung hat diesen Schluß des Märchens, in dem der Mann sich wieder zu seiner früheren Größe befreit, so gedeutet, als habe Goethe der geistige Horizont der Sesenheimer Pfarrersfamilie nicht mehr genügt, als habe er ausbrechen wollen aus einer Welt, die ihm zu eng geworden war. Freilich legt schon Goethes Beschreibung seiner ersten Unterhaltung mit Friederike eine solche Deutung nahe, zu nahe vielleicht: «Es war mir sehr angenehm, stillschweigend der Schilderung zuzuhören, die sie von der kleinen Welt machte, in der sie sich bewegte [...].»

In seiner psychoanalytischen Monographie über Goethe und Friederike hat Theodor Reik jedoch tiefere Motive im Märchen von der neuen Melusine gesucht und gefunden. Bevor der Held sich nämlich auf die

Größe seiner Geliebten schrumpfen läßt, hat er diese in einem Kästchen mit sich herumgetragen, ohne um ihr wahres Zwergenwesen zu wissen. Erst als er entgegen dem strengen Verbot seiner Geliebten in dieses Kästchen hineinblickt und dadurch des Geheimnisses von der zwergenhaften Natur der angebeteten Frau gewahr wird, hat er das heilige Tabu verletzt und muß, um seine Geliebte nicht zu verlieren, sich ihrem kleinen Maßstab anpassen. Die sexuelle Symbolik des Kästchenmotivs ist seit Sigmund Freud bekannt, und daß das Öffnen des Kästchens in Goethes Märchen Strafe nach sich zieht, belegt laut Reik latent seine Furcht vor der sexuellen Realität. Wir werden im nächsten Kapitel erneut sehen, wie Goethes im Alter niedergeschriebene Autobiographie zwar vordergründig wahre Fakten verhüllt, dem sorgfältigen Leser aber viele Deutungshilfen an die Hand gibt, die Psyche des jungen Goethe zu verstehen. Scheint hier die so wichtige Erwähnung des Märchens von der neuen Melusine ganz nebensächlich, so wird in Goethes Darstellung der Wetzlarer Zeit und insbesondere der Entstehungsphase des «Werther» mehrfach, scheinbar zusammenhanglos, die Schwester Cornelia und ihre Verbindung mit Johann Georg Schlosser erwähnt – wie wir sehen werden, ein wichtiger Schlüssel zur Deutung des «Werther»-Romans. Kehren wir nun zu Goethes eigener Darstellung vom Ende seiner Beziehung zu Friederike zurück.

Er gab sich, so berichtet er, allerlei Zerstreuungen hin, um so lieber, «als mich mein leidenschaftliches Verhältnis zu Friederike nunmehr zu ängstigen anfing». Aus Gewohnheit zwar setzt er der Beziehung noch immer kein Ende, jedoch vermeidet er häufige Besuche in Sesenheim: «Die Abwesenheit machte mich frei, und meine ganze Zuneigung blühte erst recht auf durch die Unterhaltung in der Ferne.» Auch diese Bemerkung ist wieder symptomatisch für den jungen Goethe, der das gleiche Phänomen nur wenige Jahre später in einem Brief an seinen Freund Johann Christian Kestner als das «Gesetz der Antipathie» bezeichnen wird. So flieht Goethe, wie so oft, vor einer liebenden Frau. «Es waren peinliche Tage, deren Erinnerung mir nicht geblieben ist. Als ich ihr die Hand vom Pferde reichte, standen ihr die Tränen in den Augen, und mir war sehr übel zu Mute.»

So endet Goethes Darstellung der Friederike-Episode, die er aus der Rückschau gibt. Eine Nachbemerkung finden wir im zwölften Buch seiner Autobiographie, in dem Goethe einen Antwortbrief Friederikes auf seinen schriftlichen Abschied erwähnt, der ihm das Herz zerrissen habe: «[…] hier war ich zum erstenmal schuldig; ich hatte das schönste Herz in seinem Tiefsten verwundet, und so war die Epoche einer düsteren Reue, bei dem Mangel einer gewohnten erquicklichen Liebe, höchst peinlich, ja unerträglich.» Vergleichen wir hiermit die bereits erwähnten Briefe Goethes an seinen ‹Beichtvater› Salzmann, geschrieben im Mai und Juni 1771, so ergibt sich ein konkreteres Bild vom schwankenden Geisteszustand des jungen Straßburger Studenten. «In meiner Seele ist's nicht ganz heiter; ich bin zu sehr wachend, als daß ich nicht fühlen sollte, daß ich nach Schatten greife. Und doch –»[16], schreibt Goethe, vermutlich im Mai, an Salzmann. Im selben Monat klagt er aus Sesenheim: «Um mich herum ist's aber nicht sehr hell, die Kleine fährt fort, traurig krank zu sein, und das gibt dem Ganzen ein schiefes Ansehen. Nicht gerechnet conscia mens, und leider nicht recti, die mit mir herumgeht [...]. Der Kopf steht mir wie eine Wetterfahne, wenn ein Gewitter heraufzieht und die Windstöße veränderlich sind.»[17] Wenige Tage später: «Die Welt ist so schön! so schön! Wer's genießen könnte!»[18] Und im letzten Brief aus Sesenheim zagt Goethe: «Nun wär es wohl bald Zeit, daß ich käme, ich will auch, und will auch, aber was will das Wollen gegen die Gesichter um mich herum.»[19]

Für Friederike hat dieses Zögern Goethes die Lage sicherlich erschwert. Sie lag krank darnieder (ihre Krankheit war also nicht, wie oft behauptet, eine Folge der Flucht Goethes, hing möglicherweise aber mit dem Bewußtsein einer wachsenden Entfremdung zusammen), und sie wird gefühlt haben, daß der Geliebte sich innerlich von ihr entfernt hatte und sie zu fliehen begann. War dies noch der zumindest in Worten so feurige Liebhaber, der in seinen überschwenglichen «Sesenheimer Liedern» gedichtet hatte:

> Mädchen, das wie ich empfindet,
> Reich mir deine liebe Hand!
> Und das Band, das uns verbindet,
> Sei kein schwaches Rosenband!

Die Zeitgenossen, unfähig, die tiefe pathologische Bindungsangst des jungen Goethe als Motiv für seine Flucht zu erkennen, haben nach dem Erscheinen von Goethes «Dichtung und Wahrheit» mit großer Sympathie für Friederike reagiert und dem Dichter sein untreues Verhalten verübelt.

Selbst eine so innige Verehrerin Goethes wie Rahel Varnhagen von Ense schreibt am 11. Oktober 1815 an ihren Mann: «Gestern [...] hab ich so über Goethe geheult, geschrien, weil mir das Herz borst.» Sie hat nämlich am Vortag sowohl Goethes Autobiographie als auch jene eben zitierten Verse wiedergelesen und plötzlich heftig mit der verlassenen Friederike gefühlt: «Wie mit verstarrendem Eis auf dem Herzen blieb ich sitzen! Einen kalten Todesschreck in den Gliedern. Die Gedanken gehemmt. Und als sie wiederkamen, konnt' ich ganz des Mädchens Herz empfinden. Es, er mußte sie vergiften. Dem hätte sie nicht glauben sollen? [...] Und wie des Mädchens Herz selbst klappte meins krampfhaft zu, wurde ganz klein in den Rippen. Dabei dacht' ich an solchen Plan, an solch Opfer des Schicksals, und laut schrie ich, ich mußte, das Herz wäre mir sonst tot geblieben. Und zum erstenmal war Goethe feindlich für mich da.»[20] Goethe hat selbst Buße getan, wenn auch auf seine Weise.

Schon in seinem Brief an Salzmann erwähnt er seine «conscia mens, und leider nicht recti». Über Salzmann läßt er ein Exemplar seines «Götz von Berlichingen» an Friederike senden, mit dem Zusatz, daß es die arme Friederike einigermaßen trösten werde, den untreuen Weislingen vergiftet zu finden. Weitere untreue Liebhaber zeichnete er im «Clavigo» und im «Faust», all dies, wie auch die gesamte Darstellung der Friederike-Episode in «Dichtung und Wahrheit», literarische Bußen.

Als Goethe im September 1779, acht Jahre nach seinem Abschied von Friederike, die ehemalige Geliebte in Sesenheim besucht, berichtet er seiner Seelenfreundin Charlotte von Stein erleichtert von dem freundlichen Empfang, der ihm bereitet worden sei: «Die zweite Tochter vom Hause hatte mich ehmals geliebt, schöner als ich's verdiente, und mehr als andre, an die ich viel Treue verwendet habe, ich mußte sie in einem Augenblick verlassen, wo es ihr fast das Leben kostete, sie ging leise drüber weg, mir zu sagen, was ihr von einer Krankheit jener Zeit noch überbliebe, betrug sich allerliebst mit soviel herzlicher Freundschaft vom ersten Augenblick, da ich ihr unerwartet auf der Schwelle ins Gesicht trat und wir mit den Nasen aneinander stießen, daß mir's ganz wohl ward. […] Ich blieb die Nacht und schied den andern Morgen bei Sonnenaufgang, von freundlichen Gesichtern verabschiedet, daß ich nun auch wieder mit Zufriedenheit an das Eckchen der Welt hindenken und in Frieden mit den Geistern dieser Ausgesöhnten in mir leben kann.»[21]

Im Frieden mit den Geistern seiner Geliebten lebend, das war für Goethe stets wichtig. An seinen Freund Behrisch hatte er im März 1768 über seine Liebe zu Käthchen Schönkopf geschrieben: «Fluch sei auf dem, der sich versorgt, eh das Mädchen versorgt ist, das er elend gemacht hat. Sie soll nie die Schmerzen fühlen, mich in den Armen einer andern zu sehen, bis ich die Schmerzen gefühlt habe, sie in den Armen eines andern zu sehen, und vielleicht will ich sie auch da mit dieser schröcklichen Empfindung verschonen.»[22]

Dies sind merkwürdige Äußerungen aus dem Munde eines achtzehnjährigen Studenten, und doch: in einem Menschen, der so fühlte und dachte, mußte das Friederike-Erlebnis, anders als die Beziehung zu Käthchen, die im Mai 1770 geheiratet und die Goethe noch 1776 in Leipzig besucht hatte, ein lebenslanges traumatisches Schuldgefühl hervorrufen. Von dieser Überlegung aus erscheint es psychologisch durchaus folgerichtig, daß die nächste Freundin Goethes die so gut wie verlobte, jedenfalls aber fest versprochene und damit unerreichbare Charlotte Buff sein wird.

Auch die ansonsten reichlich absonderliche Tatsache, daß Goethe zum Beichtvater seines leidenschaftlichen Begehrens nun nicht mehr einen Außenseiter, sondern ausgerechnet Charlottes Bräutigam Johann Christian Kestner wählt, wird vor diesem Hintergrund verständlich.

Charlotte Buff
«Eine echt deutsche Idylle»

Am 26. Oktober 1830 starb in Rom Goethes einziger Sohn August. In Italien weilende deutsche Freunde des Vaters sorgten für die Aufbewahrung seines Nachlasses und für eine ehrenvolle Bestattung in Rom. Einer dieser Freunde war besonders liebevoll darum bemüht, dem Vater in Weimar die Schreckensnachricht möglichst schonend beibringen zu lassen.[23] Der Name dieses so rührend besorgten Freundes, der schon im Jahre 1817 als hannoverscher Gesandtschaftssekretär nach Rom gekommen war und seither als Diplomat, mehr noch aber als Kunstsammler in Rom lebte und dessen Haus dort als beliebte Adresse für die deutschen Künstler in Italien galt, ist August Kestner.

Achtundfünfzig Jahre zuvor, im Sommer 1772, hatten sich die Lebenswege seiner Familie zum erstenmal mit denjenigen Goethes gekreuzt. August Kestners Eltern, Johann Christian Kestner und seine Frau Charlotte, geborene Buff, befanden sich damals noch im Stande der Verlobung. Charlotte Buff, die am 11. Januar 1753 in Wetzlar als zweite Tochter des Deutschordensamtmannes Heinrich Adam Buff und seiner Frau Magdalene Ernestine geboren wurde, hatte schon im Alter von achtzehn Jahren lernen müssen, schwere Verantwortung zu tragen. Ihre Mutter, von Zeitgenossen stets überschwenglich gepriesen als das Urbild einer guten Mutter und Hausfrau und unter dem Namen «die Frau mit den vielen schönen Kindern» bekannt (Lotte hatte neben ihrer älteren Schwester noch zehn jüngere Geschwister), war 1771 gestorben. Von nun an stand Lotte dem großen Haushalt vor und versorgte die Geschwisterschar im «Deutschen Haus».

In diesen Kreis war Johann Christian Kestner, der als Legationssekretär am Reichskammergericht in Wetzlar weilte, schon 1767 eingetreten. Das Reichskammergericht, die oberste zivile Gerichtsbehörde des Heiligen Römischen Reiches Deutscher Nation, befand sich damals in einem desolaten Zustand. Der Zahl der anstehenden Prozesse konnte die zu geringe Anzahl der Richter nicht mehr Herr werden. Nur diejenigen Prozesse, an die von den Parteien immer wieder mit Nachdruck erinnert wurde, versuchte man zu bewältigen – dies aber öffnete dem Bestechungsunwesen Tür und Tor.

Der Deutschordenshof in Wetzlar. Silberstiftzeichnung von Carl Stuhl, um 1850

So wurden von Zeit zu Zeit Visitationen durchgeführt mit dem Ziel, diesen Mißständen Einhalt zu gebieten. Die erste derartige Visitation hatte 1707 bis 1711 stattgefunden; die zweite begann auf Veranlassung Kaiser Josephs II. im Jahre 1767 und dauerte bis 1776. Sie führte u. a. im Jahre 1767 Johann Christian Kestner als bremischen, im Jahre 1771 Karl Wilhelm Jerusalem als braunschweigischen Legationssekretär nach Wetzlar.

Die Stadt Wetzlar profitierte zwar finanziell von der Anwesenheit des Reichskammergerichts, jedoch konnten im gesellschaftlichen Leben der Kleinstadt Spannungen kaum ausbleiben. Den etwa viertausend eingesessenen Wetzlarer Bürgern standen knapp eintausend Mitglieder des Gerichts gegenüber, die zur einheimischen Bevölkerung kaum Kontakt hatten. Zu den wenigen Familien, die hier eine Ausnahme bildeten, gehörte die Familie des Deutschordensamtmannes Heinrich Adam Buff. Im gastfreundlichen Deutschen Haus verkehrten viele Angehörige des Reichskammergerichts, insbesondere die jungen Legationssekretäre und die Praktikanten, von denen jährlich etwa zwanzig nach Wetzlar kamen, um ihre theoretische Juristenausbildung durch ein dreimonatiges Praktikum abzuschließen. So öffnete sich das Deutsche Haus 1767 dem Legationssekretär Kestner, im Jahre 1772 dem Rechtspraktikanten Johann Wolfgang Goethe.

Als Kestner in den Kreis eintrat, war die Mutter des Hauses noch am

Leben. Schon 1768 bat er sie um die Hand ihrer damals fünfzehnjährigen Tochter Charlotte und galt seither als Lottes Bräutigam. Die souveräne Art, in der Lotte nach dem Tod der Mutter dem großen Haushalt vorstand, bestärkte ihn in dem Empfinden, die richtige Wahl getroffen zu haben.

In einem Brief an seinen Freund August von Hennings vom November 1772 gab er rückblickend eine Charakteristik seiner Braut, die zu den ausführlichsten Beschreibungen der jungen Lotte gehört. Überhaupt sind wir für diese Epoche, einschließlich der Zeit ihres Umganges mit Goethe, ganz auf die Zeugnisse anderer angewiesen, da Selbstzeugnisse Lottes uns erst aus deren zweiter Lebenshälfte erhalten sind. «Mein Mädchen», schreibt Kestner, «ist mir von Jahren zu Jahren immer werter geworden. Ich brachte mit ihr und ihrer Mutter die Stunden, die ich dazu anwenden konnte, bis vor zwei Jahren recht glücklich und vergnügt zu […]. Diesen Herbst vor zwei Jahren aber empfing unsere Ruhe einen empfindlichen Stoß. Die beste Mutter, die je gelebt, […] ward krank und starb […]. Diesmal bemerke ich nur, was dieser Tod auf Lottchen für einen Einfluß geübt hat. Sie empfand diesen Verlust in seiner ganzen Schwere. Er milderte auch ihre Munterkeit sehr und mußte es durch die Folge noch mehr tun; denn auf sie fiel das Los, ihrer Mutter Stelle bei den Geschwistern zu ersetzen: natürlicher Weise eine wichtige Veränderung. Sie war erst 18 Jahr alt, und hat eine ältere Schwester, die niemals die Rechte der Erstgeburt vergab; allein daß Lottchen nur ihrer Mutter Stelle vertreten konnte, war so ausgemacht und so unzweifelhaft, daß nicht nur der Vater, sondern auch die ältere Schwester, und noch mehr die jüngern Geschwister, auch das Gesinde, ja die Fremden, stillschweigend […] darin übereinstimmten. Und sie selbst fühlte ihre Bestimmung so sehr, daß sie das Amt von dem ersten Augenblick an übernahm und mit einer solchen Zuverlässigkeit führte, als wenn eine förmliche Übertragung, bei ihr aber ein überlegter Entschluß vorausgegangen und sie dazu von jeher bestimmt sei. An sie wandte sich alles, auf ihr Wort geschah alles, und jedes folgte ihrer Anordnung, ja ihrem Wink; und was das Vornehmste war, es schien, als wenn die Weisheit ihrer Mutter ihr zum Erbteil geworden wäre […]. Sie können denken, wie diese Begebenheit bei mir ihren Wert vergrößert hat; und wenn ich vorher noch ihretwegen unentschlossen gewesen wäre, so hätte mich dieses, ohne den mindesten Zweifel übrig zu lassen, völlig entscheiden müssen; denn was vorhin meistens nur Hoffnung, nur Wahrscheinlichkeit, nur Keim, nur Anlage war, das ist jetzt sichtbare, unleugbare Gewißheit, das ist jetzt die reife Frucht und vollendete Vollkommenheit.»[24] Als Kestner diesen Brief schrieb, hatte sich die Beziehung der Brautleute auch in anderer Hinsicht bewährt.

Von Mai bis September 1772 hatte Johann Wolfgang Goethe als Praktikant am Reichskammergericht geweilt und war in ein intensives freundschaftliches Verhältnis zu Kestner und seiner Charlotte getreten, das aber von Trübungen nicht ganz frei bleiben konnte. Denn anders als Kestner, der als Legationssekretär harte Arbeit für seinen Vorgesetzten leisten mußte, verfügte Goethe, der wie alle Praktikanten sich selbst überlassen blieb und dem Reichskammergericht gegenüber keinerlei Verpflichtungen hatte, über sehr viel freie Zeit. Schon vor seiner Ankunft hatte er sich vorgenommen, in Wetzlar hauptsächlich Homer und Pindar zu lesen, und in der Tat ist das einzige Zeugnis seiner Anwesenheit am Gericht die am 25. Mai erfolgte Eintragung in die Matrikel. So ist es nur verständlich, daß Kestner schließlich in sein Tagebuch die (undatierte) Bemerkung einträgt: «Nachher und wie ich meine Arbeit getan, geh' ich zu meinem Mädchen, ich finde den Dr. Goethe da [...]. Er liebt sie, und ob er gleich Philosoph und mir gut ist, sieht er mich doch nicht gern kommen, um mit meinem Mädchen vergnügt zu sein. Und ich, ob ich ihm gleich recht gut bin, so sehe ich doch auch nicht gern, daß er bei meinem Mädchen allein bleiben und sie unterhalten soll.»[25]

Kennengelernt hatten Goethe und Lotte einander am 9. Juni 1772 auf einem Ball in Volpertshausen bei Wetzlar, der durch die Schilderung im «Werther»-Brief vom 16. Juni weltliterarische Berühmtheit erlangte. Goethe hatte Lotte zu diesem Ball abgeholt, da Kestner aus beruflichen Gründen erst einige Stunden später nachkommen konnte. Da er nicht wissen konnte, daß Lotte nicht mehr frei war, erkundigte er sich tags dar-

Das sogenannte Jägerhaus in Volpertshausen. Lithographie von Carl Stuhl, um 1850

Werther überrascht die brotschneidende Lotte unter ihren Geschwistern.
Stahlstich von Johann Leonhard Raab nach einer Zeichnung von Wilhelm
von Kaulbach (1859). Aus: Goethe-Galerie, München 1857–1864

auf im Deutschen Haus nach Lottes Befinden, und an jenem Tag mag
sich die in Goethes «Werther»-Roman geschilderte und in Malerei und
Kupferstich vielfach verewigte Szene abgespielt haben, in der Lotte
ihren Geschwistern das Brot schneidet. Jedenfalls war Goethe von nun
an nahezu täglicher und gern gesehener Gast im Deutschen Haus,
machte ausgedehnte Spaziergänge mit Lotte, etwa in den nahegelegenen
Ort Garbenheim, half ihr beim Obstpflücken und Bohnenschneiden und
empfand bald auch herzliche Freundschaft zu Lottes Bräutigam. Auch
Lottes Vater, der Amtmann Heinrich Adam Buff, ein deftiger Charakter,

der noch im hohen Alter einen Bauern ohrfeigte, der mit der Pfeife im Mund sein Zimmer betrat, schätzte den jungen Rechtspraktikanten, der mit den Kindern herumtobte und das muntere Familientreiben im Deutschen Haus genoß. «Wollte, ich säße noch zu Lottens Füßen, und die Jungen krabbelten auf mir herum»[26], schrieb Goethe im Oktober 1772, kurz nach seinem Abschied aus Wetzlar, an Kestner. Die herzliche Freundschaft, die Goethe auch mit Kestner verband, ließ ihn die durch den Brautstand der Freunde gesetzten Grenzen respektieren, zumal Lotte offensichtlich sehr viel unsentimentaler war als ihr literarisches Abbild: «Lottchen wußte ihn so kurz zu halten und auf eine solche Art zu behandeln, daß keine Hoffnung bei ihm aufkeimen konnte»[27], so Kestner an seinen Freund August von Hennings. Goethe selbst fragt noch einige Jahre nach seinem Fortgang aus Wetzlar an: «Apropos ist denn Lotte immer noch so schnippisch?»[28], und auch Lottes Sohn August schreibt im Rückblick über seine Mutter: «Geschaffen für die Wirklichkeit des Lebens, und zwar dessen heiterste Seite, war durchaus kein sentimentales Element in ihrem Charakter, und wo die Lotte im Werther mit romanhaften Ideen beschäftigt, wo sie gar tändelnd dargestellt wird, waren die Züge nicht aus ihrem Leben genommen.»[29] Dennoch kam es im August 1772 zu einer kleinen Krise, als Lotte Kestner gestand, daß Goethe ihr einen Kuß gegeben habe. Kestner verzeichnet in seinem Tagebuch:

«d. 14. Abends kam Goethe von einem Spaziergang vor den Hof. Er ward gleichgültig traktiert, ging bald fort. d. 15. ward er nach Atzbach geschickt, eine Aprikose der Rentmeisterin zu bringen. Abends gegen 10 Uhr kam er und fand uns vor der Tür sitzen; seine Blumen […] wurden gleichgültig liegen gelassen; er empfand es, warf sie weg […]. D. 16. Bekam Goethe von Lottchen gepredigt; sie deklarierte ihm, daß er nichts als Freundschaft hoffen dürfe; er ward blaß und sehr niedergeschlagen pp.»[30]

Nun zeichnete sich ab, daß das friedliche, auf wechselseitigem Vertrauen basierende Dreiecksverhältnis einen Riß bekommen hatte. Freilich: dank Kestners nobler Haltung konnte die alte Harmonie zumindest äußerlich wiederhergestellt werden, und schon am 28. August, dem Geburtstag sowohl Kestners als auch Goethes, fand im Deutschen Haus wieder ein durchaus glückliches Beisammensein statt.

Dennoch reiste Goethe vierzehn Tage später, am 11. September, aus Wetzlar ab, ohne sich von seinen Freunden zu verabschieden. Den Vorabend verbrachte er wie üblich mit den Brautleuten, das Gespräch kam auf das Leben nach dem Tod und die Frage einer möglichen Wiederbegegnung im Jenseits, und Goethe, der schon wußte, daß er am nächsten Morgen abreisen würde, empfand verständlicherweise die ganze Ironie dieses Gesprächs: «Euer Gespräch hat mich auseinandergerissen»[31], schreibt er noch in der Nacht in seinem Abschiedsbrief an Kestner. Kestners gründliches Tagebuch hat auch die Wirkung von Goethes

Goethes Abschiedsbrief an Lotte Buff. Der Text lautet: «Wohl hoff ich wiederzukommen, aber Gott weis wann. Lotte wie war mirs bey deinem reden ums Herz, da ich wusste es ist das letztemal dass ich Sie sehe. Nicht das letztemal, und doch geh ich morgen fort. Fort ist er. Welcher Geist brachte euch auf den Diskurs. Da ich alles sagen durfte was ich fühlte, ach mir wars um Hienieden zu thun, um ihre Hand, die ich zum letztenmal küsste. Das Zimmer in das ich nicht wiederkehren werde, und der liebe Vater, der mich zum letztenmal begleitete. Ich binn nun allein, und darf weinen, ich lasse euch glücklich, und gehe nicht aus euren Herzen. Und sehe euch wieder, aber nicht morgen ist nimmer. Sagen Sie meinen Buben er ist fort. Ich mag nicht weiter.»

plötzlichem Abschied auf Lotte festgehalten, die zwar betrübt, aber doch erleichtert gewesen sei, da sie ihm nicht habe geben können, was er wünschte, «denn er war sehr verliebt in sie und bis zum Enthusiasmus»[32].

Auch das Gespräch vom 10. September ist in «Die Leiden des jungen Werthers» eingegangen, sogar unter authentischem Datum. Dieser Brief vom 10. September beschließt das erste Buch des Romans; das zweite Buch hat mit Lotte und Kestner nichts mehr zu tun. Anderthalb Jahre waren seit Goethes Wetzlarer Sommer vergangen, ehe sich die Konzeption zum «Werther» in ihm zu formen begann, und die Ereignisse, die ihm zugrunde liegen, beschränken sich nicht auf das Dreiecksverhältnis Goethe-Lotte-Kestner.

Bekanntlich hat der Selbstmord Werthers im Roman einen realen Selbstmord zum biographischen Hintergrund. Der braunschweigische Legationssekretär Karl Wilhelm Jerusalem hatte sich in der Nacht vom 29. auf den 30. Oktober 1772 selbst getötet, und eines der Motive war seine Liebe zur Ehefrau des pfälzischen Legationssekretärs

Ein merkwürdiges Zusammentreffen von Zufällen wollte es, daß ausgerechnet Kestner Jerusalem die Pistolen geliehen hatte, natürlich ohne zu ahnen, zu welchem Zweck sein Amtskollege diese gebrauchen wollte. Kestner war es auch, der Goethe einen genauen Bericht über die Umstände von Jerusalems Tod sandte, den Goethe zum Teil wörtlich in den «Werther» übernahm.

Freilich ist die biographische «Werther»-Forschung fehlgegangen, indem sie allzu leichtfertig Goethes Darstellung in «Dichtung und Wahrheit» Glauben schenkte, der Plan zum «Werther» sei in dem Moment entstanden, in dem er vom Selbstmord Jerusalems Kenntnis erhalten habe. Immerhin sollte es noch weitere fünfzehn Monate dauern, bevor Goethe an die Niederschrift des «Werther» ging. Diese Monate gehörten sicherlich zu den einsamsten in Goethes Leben. Am Palmsonntag 1773 hatten Kestner und Lotte geheiratet, im November desselben Jahres verheiratete sich seine geliebte Schwester Cornelia. Nach einer bestechenden Hypothese, die Kurt R. Eissler in seiner psychoanalytischen Goethe-Studie vorgelegt hat, trägt der Albert des Romans auch einige Züge von Goethes Schwager Johann Georg Schlosser. In der Tat erwähnt Goethe in der Zeit zwischen seinem Wetzlarer Aufenthalt und der Entstehungsphase des «Werther», auch und gerade in seiner Korrespondenz mit Kestner und Lotte, auffallend häufig seine Schwester und verhehlt zumindest im Rückblick auf diese Zeit nicht seine besitzergreifende Eifersucht. In «Dichtung und Wahrheit» führt er gar in geradezu narzißtischer Weise die Verheiratung seiner Schwester nur auf sein eigenes Verhältnis zu Lotten zurück:

Karl Wilhelm Jerusalem (1747–1772). Pastellbildnis von unbekannter Hand, um 1770

«[…] und dann mochte die Neigung zu Lotten den Aufmerksamkeiten gegen meine Schwester Eintrag tun; genug, sie fühlte sich allein, vielleicht vernachlässigt, und gab um so eher den redlichen Bemühungen eines Ehrenmannes Gehör, welcher, ernst und verschlossen, zuverlässig und schätzenswert, ihr seine Neigung, mit der er sonst sehr kargte, leidenschaftlich zugewendet hatte. Ich mußte mich nun wohl darein ergeben, und meinem Freunde sein Glück gönnen, indem ich mir jedoch heimlich mit Selbstvertrauen zu sagen nicht unterließ, daß, wenn der Bruder nicht abwesend gewesen wäre, es mit dem Freunde so weit nicht hätte gedeihen können.»[33]

Zudem hatte Goethe nach seinem Abschied aus Wetzlar eine Neigung zu Maximiliane von LaRoche gefaßt, die er selbst in verräterischer Weise als ein «geschwisterliches» Verhältnis[34] charakterisiert. Maximiliane heiratete im Januar 1774, einen Monat bevor Goethe an die Nieder-

Charlotte Kestner. Getuschte Silhouette, 1774. Von Goethe bezeichnet und datiert: «Lotte gute Nacht. am 17. Jul. 1774»

schrift des «Werther» ging, den Kaufmann Peter Anton Brentano. Anders als Kestner neigte Brentano zu deutlicher Eifersucht und verwehrte Goethe, der in «Maxe» eine Art Surrogat für seine verheiratete (und damit für ihn verlorene) Schwester gesehen hatte, schließlich den Zutritt zu seinem Haus.

Der intensive Briefwechsel Goethes mit Kestner und Lotte in dieser Epoche spiegelt den Prozeß wachsender Vereinsamung und schwankender Gefühle wider. Überstürzt war er im September 1772 aus Wetzlar abgereist, um die Harmonie des Brautpaares und sein eigenes inneres Gleichgewicht nicht weiter zu gefährden, und doch war er schon im November desselben Jahres, zusammen mit seinem künftigen Schwager Schlosser, wieder für ein paar Tage nach Wetzlar gereist. «Gewiß Kestner, es war Zeit, daß ich ging»[35], schreibt er noch am Tag seiner Abreise an den Freund, und dieser kann in einem Brief an August von Hennings, den er wenige Tage später abfaßt, eine gewisse Gereiztheit über diesen unvermuteten Besuch Goethes nicht unterdrücken: «Kürzlich konnte er es doch nicht lassen, mit einem Freunde, der hier Geschäfte hatte, herüber zu kommen; er würde vielleicht noch hier sein, wenn seines Begleiters Geschäfte nicht in einigen Tagen beendigt worden wären [...], denn er folgt seiner nächsten Idee und bekümmert sich nicht um die Folgen und dieses fließt aus seinem Charakter, der ganz Original ist.»[36]

Insgesamt jedoch hat Goethe in Kestner einen verständnisvollen Freund, der Goethes Gefühlsschwankungen richtig einzuordnen versteht. «Bei Gott, ich bin ein Narr, wenn ich am gescheutesten bin, und mein Genius ein böser Genius, der mich nach Volpertshausen kutschierte, und doch ein guter Genius»[37], diese paradoxale Ausdrucksweise Goethes ist für seinen Briefstil in diesen Jahren typisch. Immer wieder fordert er greifbare Erinnerungsstücke an Lotte, Fetische gleichsam, erfreut sich an ihrer Silhouette, tauscht ihren alten Kamm gegen einen neuen ein, ja, geht in seiner selbstquälerischen Art sogar so weit, selbst die Ringe für

Johann Wolfgang Goethe. Getuschte Silhouette von unbekannter Hand, 1774

Kestners Hochzeit zu besorgen. Unzählige Male in seinen Briefen schildert er Kestner, der darüber wenig erfreut gewesen sein mag, seine Träume von Lotte, und nicht anders kann man diese geradezu pathologische Selbstenthüllung erklären als mit tiefverwurzelten Schuldgefühlen, mit dem obsessiven Bedürfnis nach einem Beichtvater. Am 15. September 1773 berichtet er Kestner wieder einmal einen seiner Träume von Lotte und erwähnt dann plötzlich, scheinbar zusammenhanglos, die Verbindung seiner Schwester mit Schlosser: «Ich verliere viel an ihr, sie versteht und trägt meine Grillen.»[38] Im März 1774 schreibt er, ebenfalls an Kestner: «Die Max von LaRoche ist hierher verheiratet, und das macht einem das Leben noch erträglich, wenn anders dran etwas erträglich zu machen ist.»[39]

Den Kennern dieser Korrespondenz erlauben solch freie Assoziationsketten tiefe Rückschlüsse auf die komplizierte Vielschichtigkeit der Einflüsse, die auf die Gesamtkonzeption des «Werther», jene große Generalbeichte, eingewirkt haben. Den Zeitgenossen freilich mußten solche Zusammenhänge, solch psychische Ursachen für die Niederschrift des Romans (Goethe selbst nannte den Zustand, aus dem der «Werther» hervorging, gegenüber Eckermann noch am 2. Januar 1824 einen «pathologischen») verborgen bleiben.

Die tatsächlich vorhandenen Ähnlichkeiten Lottes mit ihrem literarischen Abbild waren hinlänglich stark, um eine völlige Identifikation der Heldin mit der historischen Lotte als gerechtfertigt erscheinen zu lassen, während den heutigen Lesern gerade dieser unverhohlen offene biographische Bezug verdächtig sein und als Ablenkungsmanöver erscheinen muß. Die begeisterten «Werther»-Leser pilgerten nach Wetzlar, spazierten nach Garbenheim, das als «Wahlheim» in den «Werther» eingegangen ist, und besichtigten nicht zuletzt das Lotte-Haus.

Dem Ehepaar Kestner mußte es als Verrat, jedenfalls als ungeheuerliche Indiskretion erscheinen, als es im Herbst 1774 den «Werther» erhielt, mit einem Brief an Lotte: «Ich wünschte, jedes läs' es allein vor sich, du allein, Kestner allein, und jedes schrieb mir ein Wörtchen.»[40] Nicht nur hat Goethe in den Augen der Kestners private Dinge an die Öffentlichkeit gezogen; darüber hinaus vermag sich insbesondere Kestner in seinem literarischen Abbild Albert mit Recht nicht wiederzuerkennen. Goethe versichert dem Freunde zwar eilends: «Wenn ich noch lebe, so bist Du's, dem ich's danke – bist also nicht Albert.»[41] Doch auch solche Äußerungen können nicht verhindern, daß Kestners fortan mit der Lotte und dem Albert des Romans identifiziert werden.

Für die Forschung sind sie hauptsächlich als die Urbilder ihrer literarischen Abbilder interessant. Selten nur wird ihr Lebensweg über diese verhältnismäßig kurze Episode hinaus weiter verfolgt, da derjenige Kestners sich gar nicht mehr, derjenige Lottes sich nur noch einmal mit demjenigen Goethes kreuzt. Wie der Familiensinn der Buffs sich aber in der Familie Kestner fortsetzt, dafür legt erst die folgende Lebensperiode Lottes Zeugnis ab; hier erst setzen auch ihre brieflichen Selbstzeugnisse ein.

An den Lebensumständen des Ehepaares Kestner hatte sich seit der Wetzlarer Zeit, die im «Werther» literarisiert wurde, vieles verändert. Kestner war inzwischen zum Archivregistrator in seiner Heimatstadt Hannover ernannt worden. Nach der Hochzeit war das Paar also dorthin übergesiedelt und wohnte zunächst bei Kestners Mutter, bevor die Beförderung Kestners zum Archivsekretär und die damit verbundene Gehaltserhöhung ihm 1775 die Gründung eines eigenen Hausstandes ermöglichte. Schon 1774 war der älteste Sohn Georg auf die Welt gekommen, zu dessen Paten auch Goethe gehörte. In den folgenden Jahren wurden dem Paar noch sieben weitere Söhne und vier Töchter geboren. Die erste Tochter allerdings, just diejenige, die vielleicht nach den Hauptgestalten des «Werther» auf die Namen «Charlotte Albertine» getauft und, nachdem zunächst fünf Söhne geboren worden waren, bei ihrer Geburt 1783 besonders freudig begrüßt wurde, starb bereits im Alter von zwei Jahren.

Wie schon Lottes Eltern, so vereinigten auch die Kestners in der Er-

Das Lotte-Haus

ziehung ihrer Kinder Liebe mit Strenge: *Ich müßte lügen, wenn ich sagte,
daß einer unartig gewesen wäre; von Herzen mutwillig, dies ist mir aber
immer lieber, als sie still zu sehen*[42], berichtet Lotte ihrem Mann, als dieser sich wieder einmal auf einer seiner häufigen Dienstreisen befindet.
Zweimal jährlich weilte Kestner in Celle beim Landtag, und zweimal
hielt er sich zur Kaiserwahl in Frankfurt auf. 1790 wird Kaiser Leopold
II. gewählt; 1792, nach dem plötzlichen Tod Leopolds, wird mit Franz II.
der letzte Kaiser des Heiligen Römischen Reiches Deutscher Nation auf
den Thron gelangen. Als er 1806 unter dem Druck Napoleons auf die
Krone verzichtet, bedeutet das nicht nur das Ende des Heiligen Römischen Reiches, sondern auch das Ende des Wetzlarer Reichskammergerichts und drei Jahre später die Auflösung des Deutschen Ordens.

Charlotte Kestner. Pastellbildnis
von Johann Heinrich Schröder, 1782

Doch diese Ereignisse sind 1790 und 1792 trotz aller Mißstände im Reich noch nicht abzusehen. Zunächst einmal bedeuten die Dienstreisen Kestners, die er als protokollführender Sekretär unternimmt, für die Familie Kestner einen finanziellen Gewinn. Als Sekretär erhält Kestner nämlich hohe Tagegelder, und da ist es durchaus verständlich, wenn die praktisch veranlagte Hausfrau auch einmal mit der liebenden Ehefrau in Konflikt geraten kann: *Ach Gott! wenn doch das dumme Geld nicht wäre, so hätte ich schon längst gewünscht, du möchtest wieder da sein*[43], schreibt Lotte ihrem Mann nach Frankfurt.

Angesichts der großen Kinderschar ist die finanzielle Lage der Kestners nicht immer rosig, und es entspringt sicher nicht nur den strengen Erziehungsprinzipien, sondern auch schlichter Notwendigkeit, daß die Lebensweise der Familie karg ist. Als der älteste Sohn Georg sein Studium in Göttingen antritt, schreibt der Vater an den künftigen Vermieter: «Er ist weder Kaffee noch Tee noch Milch, auch nicht des Morgens, gewohnt; auch kein Bier, noch gewöhnlich Wein. Morgens ein Stück Brot und Glas Wasser, hernach 10 oder 11 Uhr wieder ein Stück Brot und nachmittags dergleichen, abends Butterbrot, abwechselnd mit Suppe oder Kartoffeln; das war seine Nahrung. Ich wünschte, daß er diese Weise beibehielte, obwohl ich nicht dafür stehen will, daß ihn Beispiel und Freiheit ein und anderes zu verändern veranlassen möchte. Er schläft nicht weich, steht früh auf.»[44] Lotte reist in den Jahren ihrer Ehe mehrfach nach Wetzlar, nicht zuletzt um ihrem Vater bei der Erziehung ihrer jüngeren Geschwister beizustehen. Und so vergehen die Jahre trotz aller materiellen Schwierigkeiten recht schnell und abwechslungsreich, das Familienleben entwickelt sich harmonisch, und wenn einer der Ehepartner auf Reisen ist, entspinnt sich sofort ein kleiner Briefwechsel.

Im Jahre 1800 aber, als der jüngste Sohn erst fünf Jahre alt ist, trifft die Familie ein schwerer Schicksalsschlag. Kestner, der schon lange kränklich gewesen war, stirbt auf einer Reise nach Lüneburg und muß fern von der Hannoverschen Heimat bestattet werden. Der Sohn Georg, der den Vater auf dieser Reise begleitet und auch für das Begräbnis gesorgt hat, tut alles, der Mutter die schwersten Sorgen abzunehmen. An seine Brüder schreibt er unmittelbar nach dem Tod des Vaters einen Brief, in dem

Johann Christian Kestner.
Lithographie nach
einem verschollenen Ölgemälde
von Julius Giere

er sie dazu aufruft, der Mutter «ihren Verlust zu erleichtern und für die Folge heitere Tage zu bereiten»[45]. Und die Mutter tröstet er mit den Worten: «Uns ist eine gute, geliebte Mutter geblieben, die uns selbst hierdurch nicht teurer mehr werden kann, als sie uns immer war, die immer unsre gütige Führerin, unsere Ratgeberin war und noch sein wird, die immer unser einziger Gedanke und deren Glück unser einziges Bestreben und Hoffnung sein wird. Ihnen, beste Mutter, ist eine Reihe von Kindern geblieben, die nur auf Sie blicken dürfen, um Kraft und Mut zur Arbeit und Festigkeit im Unglück zu haben.»[46]

In der Tat findet die Mutter, die sich ihre Zuversicht auch jetzt bewahrt – *Es geht uns auch Gottlob im ganzen und nach den Umständen gut*[47] – im Verhalten ihrer Kinder den größten Halt: *Ich kann Gott nicht genug danken für meine guten Kinder, denn das sind sie ohne Ausnahme*[48], schreibt sie 1801 an ihren Lieblingsbruder Hans, der schon seit Kindertagen ihr vertrautester Briefpartner ist.

Doch es steht ihr noch eine weitaus schwierigere Zeit bevor. Am 5. Juni 1803 ziehen die Franzosen in Hannover ein und bestimmen ein gutes Jahrzehnt lang das Leben der Stadt. Für Lotte und ihre Kinder bedeutet dieser politische Wandel nicht nur Einquartierung französischer Soldaten im eigenen Haus (*Mit diesen Einquartierten bin ich nun recht zufrieden, es sind gute Leute*[49]), sondern auch eine erhebliche finanzielle Belastung durch die bald erhobenen Kriegssteuern. Dies mußte Lotte um so härter treffen, da die hohe Witwenpension, die sie seit Kestners Tod erhalten hatte, nun nicht mehr ausbezahlt wurde. Dazu trat die gefürchtete Blutsteuer, die von Napoleon erhoben wurde. Allein im neugegründeten Königreich Westfalen werden für den Rußlandfeldzug im Jahr 1812 30 000 Soldaten ausgehoben, von denen lediglich 2000 in die Heimat zurückkehren sollten. Als sich 1811 Lottes zweitjüngster Sohn Hermann zur Musterung stellen muß und aufgrund seiner schlechten Sehschärfe für dienstuntauglich erklärt wird, lädt die dankbare Mutter zu einem Punsch ein.

Auch von privatem Kummer bleibt Lotte in dieser Zeit nicht verschont. Schon kurz vor dem Einzug der Franzosen in Hannover war sie wieder einmal nach Wetzlar gereist, um ihrer kränklichen elfjährigen Tochter Luise einen Genesungsaufenthalt zu verschaffen. Doch weder der Wetzlarer Aufenthalt noch eine Kur in Bad Ems, bei der Lotte Freundschaft mit der Schwiegermutter von General Mortier, dem Befehlshaber der französischen Truppen in Hannover, schloß, konnte zur Genesung beitragen, und Luise starb, tiefbetrauert von der Mutter, zwölfjährig am 18. April 1804 in Wetzlar.

Auch die Gesundheit des viertältesten Sohnes August bereitet der Mutter Sorgen. In den Jahren 1808 und 1809 hält er sich im südlichen Klima Italiens auf und verliebt sich leidenschaftlich in die landschaftlichen und kulturellen Schönheiten des Landes. Schon wenige Jahre spä-

Brief Charlotte Kestners an ihren Bruder Hans Buff in Rödelheim bei Frankfurt a. M., geschrieben am 8. Juni 1800, vierzehn Tage nach dem Tod ihres Mannes

ter wird er als Gesandtschaftssekretär wieder nach Rom zurückkehren und sich dort auf Dauer niederlassen. Doch zunächst einmal hatte August sich seit dem Einmarsch der Franzosen um das Haus gekümmert und der Mutter regelmäßige Berichte über die Zustände in der Heimat nach Wetzlar gesandt.

Auch Lotte verhält sich trotz ihrer Abwesenheit von Hannover und ihrer Sorgen um den Zustand der kranken Luise alles andere als passiv. Sie trifft nicht nur alle Vorkehrungen für die Gesundheit ihrer Kinder, sondern setzt sich auch für deren berufliches Fortkommen ein und nützt alle Verbindungen. Als ihr Sohn Theodor sich nach seinem Medizinstudium als Arzt in Frankfurt niederlassen möchte, hierzu als Ausländer aber die Zustimmung des Frankfurter Rates benötigt, wendet Lotte sich am

15. Oktober 1803 an Goethe mit der Bitte um Protektion: *Sollte es Ihnen wohl unangenehm sein, wenn eine Freundin aus den Zeiten Ihrer Jugend einmal ihr Andenken bei Ihnen erneuerte? Mehrere Tage überlegte ich, ob dieser Brief sollte geschrieben werden, es war mir empfindlich, daß Menschen solche Umstände miteinander machen, deren Gesinnungen einst so sehr zusammenstimmten – die bloß Verhältnisse verschiedener Art auseinandergebracht haben. Da aber nach meinem Gefühl kein Verhältnis das Eigentliche oder Bessere vom Menschen, dessen Herz und Charakter, ändern muß, ich mir auch hierin immer gleich geblieben bin, und auch von jedem, den ich schätzen soll, dieses erwarte, so zweifle ich keineswegs, daß auch mein Andenken Ihnen, obgleich nach einer so langen Reihe von Jahren, dennoch lieb sein muß. In die augenblickliche Stimmung, diesen Brief zu schreiben, setzte mich ein eben gemachter Spaziergang, welchen ich ganz allein, da die Sonne seit lange zum erstenmal wieder schien, machte. Ich ging, um mich zu zerstreuen, was ich in meiner jetzigen traurigen Lage sehr bedarf, unsere wunderschöne Gegend durch, kam auf den Weg, den wir so oft zusammen gingen, an der Lahn, uns unseres Daseins und der schönen Natur freuten, hier dachte ich Ihrer und dieses Briefes. – Wie kränkte mich das Gefühl, wenn Verhältnisse wirklich solche Veränderungen machen könnten, daß ich Unrecht hatte, einen Mann wie Sie oder von Ihrer Größe noch nach meinen Empfindungen berechnen zu wollen. – Dem sei, wie ihm wolle, ich kann in diesem Augenblick meinem Herzen keine Gewalt antun, und so berechne ich Sie nach ehemaligen Zeiten, und daher wage ich es nicht allein, an Sie zu schreiben, sondern mir auch einen Rat und eine Gefälligkeit auszubitten.*[50]

Nach dieser langen und nicht ohne Geschick und Selbstbewußtsein vorgetragenen Einleitung kommt Lotte auf ihren Sohn Theodor zu sprechen und faßt ihre Bitte kurz zusammen: *[...] und meine Bitte geht an Sie um einige Briefe in Ihre Vaterstadt, etwa an Herrn Stadtschultheiß Moors, den ich nicht kenne und der zu meinem Zweck ein bedeutender Mann sein soll, daß Sie den jungen Mann kennen und Gutes von ihm erwarten etc.*

Der alte Jugendfreund enttäuscht sie nicht: Postwendend bestätigt er am 26. Oktober den Empfang des Briefes und sendet am 23. November, nachdem er einige Lehrer Theodors um Gutachten gebeten hat, diese zusammen mit einem ehrenvollen Empfehlungsschreiben, das auch zu dem gewünschten Erfolg führen wird, an Moors. Am selben Tag versichert er Lotte: «Sie haben mir, liebe Freundin, durch Ihren Brief und diesen Auftrag große Freude gemacht, wie gern versetze ich mich wieder an Ihre Seite, zur schönen Lahn, und wie sehr bedaure ich zugleich, daß Sie durch eine so harte Notwendigkeit dahin versetzt wurden; doch richtete mich Ihr eigenes Schreiben wieder auf, aus dem Ihr tätiger Geist lebhaft hervorblickt. Gedenken Sie mein, und lassen mich allenfalls durch Ihren Schwager wissen, welche Wendung die Angelegenheit Ihres Sohnes nehmen mag. Wiederholt mein Lebewohl!»[51]

Der Schwager, durch den Lotte Goethe vom Resultat seiner Bemühungen unterrichten soll, ist Cornelius Ridel. Er hatte sich 1791 mit Lottes jüngster Schwester Amalie verheiratet und weilte nun zusammen mit seiner Familie zunächst als Prinzenerzieher, dann als Kammerrat in Weimar. Diese Konstellation, die ein Mitglied der Wetzlarer Familie Buff nach Weimar in die unmittelbare Nähe des einstigen Rechtspraktikanten Goethe gebracht hatte, führte nach vierundvierzig Jahren zu einem Wiedersehen Goethes mit Lotte. Schon 1812 hatte Lotte an Amalie von ihrem Wunsch geschrieben, die Schwester wiederzusehen, und hatte auch nicht versäumt hinzuzufügen: *Wenn Du Goethe siehst, so versichere ihm mein Andenken, und wie mich die Erzählungen aus seinem Leben interessieren, da ich so manches davon weiß und viele Menschen kenne.*[52] Doch erst 1816, nachdem durch die endgültige Niederlage Napoleons die Leidenszeit Hannovers vorbei ist, kann Lotte sich auf den Weg nach Weimar machen.

Der Besuch bei ihren Verwandten, bei denen sie sich im September/Oktober etwa einen Monat aufhält, steht hierbei durchaus im Vordergrund. Dennoch ist Lotte an einem Wiedersehen mit Goethe sehr interessiert und wird von diesem, sobald er von ihrer Anwesenheit erfährt, auch in der Tat schon in den ersten Tagen ihres Aufenthaltes zusammen mit ihrer Tochter Clara und den Weimarer Verwandten zum Mittagessen eingeladen. Über diese Begegnung am 25. September notiert Goethe lakonisch in seinem Tagebuch «Mittag Riedels und Mad. Kästner von Hannover», und Thomas Mann setzt ihr in «Lotte in Weimar» ein literarisches Denkmal, es existieren aber auch Berichte von Lotte und Clara, die unabhängig voneinander an August Kestner in Hannover gesandt werden. Man darf, wenn man diese Berichte liest, nicht vergessen, daß Goethe seit wenigen Monaten Witwer war und exakt ein Jahr zuvor in Heidelberg für immer Abschied von seiner «Suleika» Marianne von Willemer genommen hatte. Die Wiederbegegnung mit der Lotte seiner Jugend wird für ihn just in dieser Konstellation somit nicht einer gewissen Peinlichkeit entbehrt haben, und es spricht gegen Claras und für Lottes Reife und Lebensweisheit, wenn erstere an die Einladung bei dem Dichter überhöhte Erwartungen knüpfte, während letztere zwar sicherlich neugierig und mit Herzklopfen, aber ohne Illusionen das Haus am Frauenplan betrat. Im Zusammenhang mit ihrer Reise von einer «letzten Wallfahrt» zu sprechen und davon, daß Lotte sich an ihre «Rolle als Heldin» geklammert habe, wie noch jüngst geschehen[53], ist somit sicher verfehlt.

Am 29. September berichtet Clara ihrem Bruder, wie enttäuscht sie von ihrer Begegnung mit Goethe gewesen sei. Seine Gespräche charakterisiert sie als oberflächlich und konventionell: «Dann sagte er, Sie sind eine recht reisende Frau, und dergleichen gewöhnliche Dinge mehr.»[54] Ein ähnliches Bild, wenn auch ganz ohne Bitternis, zeichnet fünf Tage später, am 4. Oktober, die Mutter, und Thomas Mann, in dessen fiktiver Gestaltung des Wiedersehens es über Lotte heißt: «Gern hätte sie den

Charlotte Kestner. Ölgemälde von Hansen, 1820

Jugendfreund von der Beflissenheit dispensiert, mit der er für Beschäftigung glaubte sorgen zu müssen», hat sich die Atmosphäre, in der das steife Mahl sich abspielte, wohl nicht unzutreffend vorgestellt. Lotte schreibt an August: *Von dem Wiedersehen des großen Mannes habe ich Euch selbst wohl noch nichts gesagt: Viel kann ich auch nicht darüber bemerken. Nur so viel, ich habe eine neue Bekanntschaft von einem alten Mann gemacht, welcher, wenn ich nicht wüßte, daß er Goethe wäre, und auch dennoch, hat er keinen angenehmen Eindruck auf mich gemacht. Du weißt, wie wenig ich mir von diesem Wiedersehen, oder vielmehr dieser neuen Bekanntschaft versprach, war daher sehr unbefangen: auch tat er*

Wohnhaus Charlotte Kestners in der Großen Ägidienstraße 4, Hannover, das sie von 1820 bis zu ihrem Tod bewohnte.
Foto vor 1916

nach seiner steifen Art alles mögliche, um verbindlich gegen mich zu sein.[55] Während ihres Weimarer Aufenthalts trifft Lotte Goethe nochmals in Gesellschaft des Kanzlers Friedrich von Müller und sieht ihn auch im Theater, in dessen Loge Goethe die Jugendfreundin einige Male einlädt. Auch hat sie eine für beide Seiten durchaus erfreuliche Begegnung mit Schillers Witwe Charlotte, die Lottes Schönheit und ihr geistreiches Wesen rühmt, allerdings nüchtern konstatiert: «[…] aber leider wackelt der Kopf, und man sieht, wie vergänglich die Dinge der Erde sind.»[56] Und ihre innige, nicht minder scharfzüngige Freundin Charlotte von Stein charakterisiert ihren Eindruck von der «Madame Kestner aus Hannover» in einem Brief an Karl Ludwig von Knebel trocken so: «Sie ist von angenehmer Unterhaltung, aber freilich würde sich kein Werther mehr um sie erschießen.»[57] Dies war nach fast einem halben Jahrhundert auch kaum zu erwarten, der Weimarer Stadtklatsch stellt es dennoch mit Genugtuung fest. Zurückgekehrt nach Hannover widmet sich Lotte wieder ganz der Familie. 1820 erwirbt ihr Sohn Georg das Haus Große Ägidienstraße 4, in das Lotte noch im selben Jahr einzieht. Nach wie vor widmet sie sich eifrig einem immer ausgedehnteren Briefwechsel, der aus dem Elsaß, wo einige ihrer Söhne als Industrielle tätig sind, und aus Italien, wo ihr Sohn August lebt, bei ihr zusammenläuft. Noch dreimal, 1820, 1824 und 1827, unternimmt sie die damals zehn Tage während Reise nach Thann im Elsaß zu ihren Kindern.

Am 16. Januar 1828, einige Tage nach ihrem fünfundsiebzigsten Geburtstag, stirbt Charlotte Kestner in Hannover. In Rom hatte August Kestner, der aufgrund seiner Kunstsammlungen bald als «der römische Kestner» berühmt wurde, noch mit Freunden den Geburtstag seiner Mutter gefeiert und ihr in einem liebevollen Brief, den sie nicht mehr lesen konnte, von diesem Fest berichtet.[58]

August Kestner, der treue Sohn und Freund, wird nicht nur zwei Jahre später für die Bestattung von Goethes Sohn August Sorge tragen. Er wird sechsundzwanzig Jahre nach dem Tod der Charlotte Kestner auch durch die Edition der für die «Werther»-Forschung einschlägigen Quellensammlung «Goethe und Werther» die Identifikation seiner Mutter

August Kestner mit der Malermütze. Bleistiftzeichnung von R. Wiegmann, 1832

mit Werthers Lotte auf ewig befestigen. Doch ist auch diese Quellensammlung nochmals ein schöner Beweis für den Buff-Kestnerschen Familiensinn. Lange hatten sich einige Mitglieder der Familie gegen die Publikation der privaten Briefe und Tagebuchblätter gesträubt. Doch als ihr Sammler 1853 gestorben war, stand aus Respekt vor dem Wunsch des Verstorbenen kein Familienmitglied mehr ihrer Veröffentlichung im Wege, und 1854 konnte das Büchlein «Goethe und Werther» postum erscheinen und die biographische «Werther»-Forschung ihren Lauf nehmen.

Diese wertvolle Quellensammlung ergänzt nicht nur die verklärende Schilderung, die Goethe in «Dichtung und Wahrheit» aus vierzigjähriger Distanz gibt, sie korrigiert sie auch. Johann Christian Kestners Briefe und Tagebücher, so nobel sie in ihrer verhaltenen Diskretion auch sein mögen, zeigen die Risse und Sprünge in der Harmonie jener «echt deutsche[n] Idylle, zu der das fruchtbare Land die Prosa und eine reine Neigung die Poesie hergab»[59]. Goethes Briefe wiederum lassen einen ungefestigten jungen Mann vor unseren Augen erstehen, der seinem um acht Jahre älteren Freund Kestner an Reife weit unterlegen ist. «Meistens dauerte er mich»[60], schreibt Kestner Ende 1772 an August von Hennings, fügt aber hinzu, daß Kämpfe in ihm getobt hätten, ob Lotte nicht mit Goethe möglicherweise glücklicher werden könne als mit ihm. Diese Selbstzweifel Kestners vermögen vielleicht ein bezeichnendes Licht auf Goethes plötzliche Flucht aus Wetzlar zu werfen. In «Dichtung und Wahrheit» charakterisiert er sein eigenes Verhältnis zu Lotte als das eines unbekümmerten jungen Mannes, der die Gegenwart des Mädchens sorglos habe genießen können, da dieses bereits versagt gewesen sei. Sollte Goethe gespürt haben, daß Kestner sich mit dem Gedanken trug, Lotte von ihrem Wort zu entbinden und ihr die freie Wahl zwischen ihren beiden Verehrern zu überlassen? Freilich fügt Kestner sogleich hinzu, er habe den Gedanken nicht ertragen können, seine Braut zu verlieren, und Lotte habe dergleichen Betrachtungen nie angestellt. Ernsthaft bedroht war die Beziehung der Brautleute also offenbar nie, und doch hätten wir in der zumindest theoretisch durchgespielten Möglichkeit einer Freigabe Lottes ein Motiv für Goethes plötzliche Abreise: die Bindungsangst des Dichters, die sich bereits in seiner Flucht aus Leipzig und Sesenheim manifestiert hatte und die in besonders eklatanter Weise drei Jahre später nochmals zum Ausdruck kommen sollte, als Goethe überstürzt von Frankfurt nach Weimar aufbricht, um sich der Einlösung seines Verlöbnisses mit Lili Schönemann zu entziehen. «Doch bescheid ich mich gern nach dem Gesetz der Antipathie», hatte Goethe im April 1773 an Kestner geschrieben, «da wir die Liebenden fliehen und die Fliehenden lieben.»[61]

Lili Schönemann
«Die erste, die ich tief und wahrhaft liebte»

Am 5. März 1830, so lesen wir es in Eckermanns Aufzeichnungen «Gespräche mit Goethe», die hier auf den Erinnerungen Frédéric Jacques Sorets beruhen, hat der alternde Dichter bekannt: «Ich bin meinem eigentlichen Glück nie so nahe gewesen als in der Zeit jener Liebe zu Lili.» Auch Goethes Beziehung zu der Frankfurter Bankierstochter Anna Elisabeth Schönemann, die als «Lili» oder «Belinde» in seine Lyrik eingegangen ist, können wir nur aus der Perspektive des Dichters verfolgen. Das Verhältnis zu Lili, Goethes einziger Braut, bildet ein thematisches Band, das die Bücher 16 bis 20, den vierten Teil von «Dichtung und Wahrheit» also, durchzieht. Waren die ersten drei Teile des Memoirenwerks in rascher Folge erschienen, so stockte die Arbeit, als Goethe an die Darstellung der Lili-Zeit ging. Selbst als das Manuskript so gut wie vollendet war, zögerte der Dichter die Publikation hinaus, aus Rücksicht auf Lili, die damals noch am Leben war. Diese zarte Rücksichtnahme, sonst untypisch für Goethe, vermissen wir in der Schilderung etwa der Sesenheimer Episode. Als der zweite Teil von «Dichtung und Wahrheit» erschien, lebte Friederike Brion noch, den Dichter jedoch hinderte dies keineswegs, seine Schuld am Schicksal der Elsässer Pfarrerstochter öffentlich zu bekennen.

Warum also diese Skrupel, die darauf hindeuten, daß es sich bei Goethes Liebe zu Lili um etwas ganz Besonderes handelte, um eine Liebe, die «etwas ganz anderes ist als eine Liebe in Romanen»[62]?

Lili war, so bekennt Goethe im Alter gegenüber Soret, «die erste, die ich tief und wahrhaft liebte. Auch kann ich sagen, daß sie die letzte gewesen; denn alle kleinen Neigungen, die mich in der Folge meines Lebens berührten, waren, mit jener ersten verglichen, nur leicht und oberflächlich.»

Man hat diese Worte Goethes häufig als Selbsttäuschung des alten Dichters bezeichnet, zumindest aber als maßlose Übertreibung, angesichts der noch folgenden Beziehungen zu Charlotte von Stein etwa, zu Christiane Vulpius oder Marianne von Willemer. Dennoch gewinnt Lili in der Tat, sogar in der stilisierenden und mit fiktionalen Elementen durchwobenen Autobiographie Goethes, als erste seiner Geliebten für

Anna Elisabeth (Lili) von Türckheim, geb. Schönemann.
Pastell von F. B. Frey, 1782

uns Gestalt als eine Person eigenen Rechts. Anders als die Sesenheimer
Pfarrersfamilie, die Goethe in permanentem Bezug auf die literarische
Familie des «Landpfarrers von Wakefield» beschreibt und in dieser spiegelt, anders auch als Charlotte Buff und ihr Bräutigam Johann Christian
Kestner, die ihn in «Dichtung und Wahrheit» in erster Linie als Modelle
für ihre literarischen Abbilder in den «Leiden des jungen Werthers» interessieren, entzog Lili sich für Goethe offenbar einer solchen Brechung
oder Spiegelung.

Kennengelernt hatte er seine künftige Braut im Hause Schönemann,
im Januar 1775. Schon bei seinem ersten Gespräch mit Lili, deren Kla-

vierspiel ihn bezaubert hatte, bemerkte Goethe, daß er «ganz eigentlich zur Schau stand». Er spürte sogleich eine «Anziehungskraft von der sanftesten Art», jedoch schien ihm die Unterhaltung, ein «heiteres verständiges Gespräch», nicht im mindesten ein «leidenschaftliches Verhältnis zu weissagen».

Bald war Goethe regelmäßiger Gast im Hause Schönemann. Lili berichtete ihm ihre kleinen Schwächen, etwa die, «daß sie eine gewisse Gabe anzuziehen an sich habe bemerken müssen, womit zugleich eine gewisse Eigenschaft fahren zu lassen verbunden sei».

Ihre Biographen haben bisweilen – gänzlich zu Unrecht, wie wir noch sehen werden – diese Äußerung Goethes zum Indiz dafür genommen, daß Lili eine oberflächliche Gesellschaftsdame, eine Kokette gewesen sei, und nichts hat ihrem Bild bei der Nachwelt mehr geschadet als diese mißverständliche Bemerkung Goethes, die insbesondere Bettine von Arnims Schwiegersohn Herman Grimm in starker Übertreibung gegen Lili verwendet hat. Nicht nur Lilis eigene Briefe, sondern auch die Zeugnisse ihrer Zeitgenossen sprechen gegen dieses Zerrbild. Lili, so berichtet ihr Lieblingsbruder Johann Friedrich Schönemann, «war von der Natur mit einer schönen und interessanten Gestalt begünstigt worden. Der Ausdruck eines lebhaften Geistes und talentvoller Betätigung, der aus ihren sprechenden Augen leuchtete, mischte sich mit den weichen Zügen einer edel geformten Gesichtsbildung und schuf eine Harmonie darin, die schon beim ersten Anblick auf ein gutes, allen wohlwollendes Herz schließen ließ.»[63]

Henriette von Beaulieu-Marconnay, die Mutter von Goethes «glücklicher Zeichnerin» Julie von Egloffstein, preist Lili als «eine der edelsten Frauen»[64] und vergleicht sie mit Iphigenie, ebenso wie Johann Caspar Lavaters Schweizer Freundin Bäbe Schultheß, die an Goethe schreibt: «[...] es war mir so wohl neben ihr, als wenn ich in deiner Iphigenie lese.»[65]

Zum ersten Mal hatte Goethe sich in eine Frau verliebt, die nicht mehr unter seinem Stande und zudem ungebunden war. Dennoch sollte sich das Muster seiner bisherigen Liebesbeziehungen auch hier wiederholen: von der anfänglichen Liebesbeteuerung über die Unsicherheit, die sich inbesondere in den Briefen an eine dritte Person artikuliert, bis hin zur Flucht vor der Geliebten.

Äußere Schwierigkeiten hatten bereits erste Schatten über das Verhältnis geworfen. Goethes Familie war lutherisch, die Lilis reformiert, und zudem konnte den Eltern Goethes die reiche Bankierstochter Lili ebensowenig genügen wie der Mutter Lilis (der Vater war früh gestorben) der zwar bereits berühmte, aber beruflich keineswegs abgesicherte junge Dichter. Insbesondere Lilis Brüder scheinen an einer ‹guten Partie› ihrer Schwester großes Interesse gehabt zu haben, denn bald sollte sich herausstellen, daß die Vermögensverhältnisse der Schönemanns reichlich zerrüttet waren. Auch in den gesellschaftlichen Kreis der Schönemanns konnte Goethe, der sich in Gedichten und Briefen der Zeit als «Bär»[66] bezeichnet, als «Papagei auf der Stange»[67] oder als eine «Ratte, die Gift gefressen hat»[68], sich nur schwer einfinden. Sein Verhältnis zu Lili war «von Person zu Person», bei Zusammenkünften in ihrem Zirkel aber ergaben sich oft «Mißtage und Fehlstunden», wiederum ein bezeichnender Unterschied zu Goethes Liebe zu Friederike, die so sehr an den ländlich-idyllischen Kontext gebunden war, daß es dem Dichter unbehaglich zumute wurde, als er Friederike einmal aus ihrer vertrauten Umgebung herausgelöst und in der Stadt Straßburg erlebte.

Goethe scheint diese Schwierigkeiten, die die Umgebung seiner Liebe zu Lili entgegensetzte, früh gespürt zu haben. Schon im Anfangsstadium seiner Liebe zu Lili schrieb er die Verse:

Herz, mein Herz, was soll das geben,
Was bedränget dich so sehr?
Welch ein fremdes neues Leben –
Ich erkenne dich nicht mehr.
Weg ist alles, was du liebtest,
Weg, worum du dich betrübtest,
Weg dein Fleiß und deine Ruh –
Ach, wie kamst du nur dazu?

Fesselt dich die Jugendblüte,
Diese liebliche Gestalt,
Dieser Blick voll Treu und Güte
Mit unendlicher Gewalt?
Will ich rasch mich ihr entziehen,
Mich ermannen, ihr entfliehen,
Führet mich im Augenblick
– Ach – mein Weg zu ihr zurück.

Und an diesem Zauberfädchen,
Das sich nicht zerreißen läßt,
Hält das liebe lose Mädchen
Mich so wider Willen fest.
Muß in ihrem Zauberkreise
Leben nun auf ihre Weise;
Die Veränderung, ach, wie groß!
Liebe, Liebe, laß mich los!

Dennoch kam es schließlich um den 20. April 1775 zur Verlobung, herbeigeführt durch die resolute Demoiselle Helene Dorothea Delph, eine Heidelberger Freundin, die den unentschlossenen Verliebten gebieterisch befahl, einander die Hände zu reichen.

Goethe genoß die Freuden, mit Lili Schönemann verlobt zu sein, durchaus: «[...] war sie mir bisher schön, anmutig, anziehend vorgekommen, so erschien sie mir nun als würdig und bedeutend.» Dennoch brach er kurz darauf, gemeinsam mit den Grafen Stolberg, zu einer Reise in die Schweiz auf, um den – für einen Verlobten reichlich merkwürdigen – Versuch zu machen, «ob ich Lili entbehren könne». Auf dieser Reise besuchte er auch seine unglücklich verheiratete Schwester Cornelia in Emmendingen, die dem Bruder eifersüchtig von einer Heirat mit Lili abriet. Wenn Goethe bald darauf, im Jahre 1776, in seiner «Stella» einen Liebhaber zeichnet, der sich zwischen zwei Frauen, Stella und Cäcilie, nicht entscheiden kann, so mag es durchaus sein, daß Stella und Cäcilie hier für Lili und Cornelia stehen.[69] Allzu deutlich scheinen – neben der phonetischen Ähnlichkeit (Stella/Lili – Cäcilie/Cornelia) – die Hinweise zu sein, die Goethe in «Dichtung und Wahrheit» gibt. Nachdem er Cornelia charakterisiert hat als eine frigide Persönlichkeit, in deren Wesen «nicht die mindeste Sinnlichkeit» lag, die neben ihm aufgewachsen sei und sich gewünscht habe, «ihr Leben in dieser geschwisterlichen Harmonie fortzusetzen und zuzubringen», fährt er mit einer expliziten Rezeptionsanweisung fort: «Nun aber wird der einsichtige Leser, welcher fähig ist, zwischen diese Zeilen hineinzulesen, was nicht geschrieben steht, aber angedeutet ist, sich eine Ahnung der ernsten Gefühle gewinnen, mit welchen ich damals Emmendingen betrat.» Deutlicher läßt sich kaum ausdrücken, welch große Gefahr die Bindung an die Schwester für Goethes Beziehung zu Lili bedeutete. Erinnert sei an dieser Stelle auch an die Bemerkung, die Goethe am 28. März 1827 gegenüber Eckermann äußerte. In einem Gespräch über die «Antigone» des Sophokles kommt die Frage auf, ob in der Tat die Familienpietät am reinsten im Weibe erscheine und ob die Schwester tatsächlich nur den Bruder «ganz rein und geschlechtslos» lieben könne. «‹Ich dächte›, erwiderte Goethe, ‹daß die Liebe von Schwester zur Schwester noch reiner und geschlechtsloser wäre! Wir müßten denn nicht wissen, daß unzählige Fälle vorgekommen sind, wo zwischen Schwester und Bruder, bekannter- und unbekannterweise, die sinnlichste Neigung stattgefunden.›»

Und doch konnte Goethe sich von seiner Verlobten noch nicht ganz lösen. Als er während seiner Schweizer Reise auf den Zürcher See hinabblickte, entstanden die Verse:

Wenn ich, liebe Lili, dich nicht liebte,
Welche Wonne gäb' mir dieser Blick!
Und doch, wenn ich, Lili, dich nicht liebte,
Wär', was wär' mein Glück?

Als er vor der Versuchung stand, von der Schweiz nach Italien weiterzureisen, wagte er es nicht, aus Lilis Bann herauszutreten, sondern begab sich zu ihr zurück nach Frankfurt – allerdings nur, um kurz darauf, diesmal endgültig, von Frankfurt nach Weimar aufzubrechen. Denn in seiner Abwesenheit, so jedenfalls stellte Goethe in «Dichtung und Wahrheit» den Sachverhalt dar, sei Lili von der Zukunftslosigkeit ihrer Beziehung zu Goethe überzeugt worden, während er selbst noch unentschlossen gewesen sei: «Freilich sehr verbietend und bestimmt waren die Gebote meiner Schwester.»

In dieser verfahrenen Situation kam es ihm sehr gelegen, daß der junge Herzog Carl August von Sachsen-Weimar Goethe in seine Residenz einlud. Wieder einmal ergriff Goethe die Flucht vor der Geliebten, denn trotz der äußeren Hindernisse, die, wie Goethe noch im Alter zugibt, «nicht unübersteiglich»[70] gewesen wären, waren es wieder innere Gründe, die eine feste Bindung unmöglich machten.

Die Briefe, die Goethe in den Monaten Januar bis November 1775 an Auguste zu Stolberg schrieb – sie war ihm in der Zeit seines Verlöbnisses mit Lili die engste Briefvertraute und ‹Schwester› geworden, obwohl er sie nie gesehen hat –, legen hiervon unmittelbar Zeugnis ab. Sie gehören in ein und dieselbe Reihe mit den Leipziger Briefen an Behrisch, den Straßburger Briefen an Salzmann und den Frankfurter Briefen an Kestner in Wetzlar.

Berühmt sind die Worte, die treffender als alles andere die innere Zerrissenheit Goethes schon in der Anfangszeit seiner Bekanntschaft mit Lili beschreiben: «Wenn Sie sich, meine Liebe, einen Goethe vorstellen können, der im galonierten Rock, sonst von Kopf bis Fuße auch in leidlich konsistenter Galanterie, umleuchtet vom unbedeutenden Prachtglanze der Wandleuchter und Kronenleuchter, mitten unter allerlei Leuten, von ein paar schönen Augen am Spieltische gehalten wird, der in abwechselnder Zerstreuung aus der Gesellschaft ins Conzert und von da auf den Ball getrieben wird, und mit allem Interesse des Leichtsinns einer niedlichen Blondine den Hof macht; so haben Sie den gegenwärtigen Fastnachts-Goethe, der Ihnen neulich einige dumpfe tiefe Gefühle vorstolperte, der nicht an Sie schreiben mag, der Sie auch manchmal vergißt, weil er sich in Ihrer Gegenwart ganz unausstehlich fühlt. Aber nun gibt's noch einen, den im grauen Biber-Frack mit dem braunseidnen Halstuch und Stiefeln, der in der streichenden Februarluft schon den Frühling ahndet, dem nun bald seine liebe weite Welt wieder geöffnet wird, der immer in sich lebend, strebend und arbeitend bald die unschuldigen Gefühle der Jugend in kleinen Gedichten, das kräftige Gewürze des Lebens in mancherlei Dramas, die Gestalten seiner Freunde und seiner Gegenden und seines geliebten Hausrats mit Kreide auf grauem Papier […] auszudrücken sucht, weder rechts noch links fragt: was von dem gehalten werde, was er machte? weil er arbeitend immer gleich eine Stufe höher steigt, weil er nach keinem Ideale springt, sondern seine Gefühle sich zu Fähigkeiten, kämpfend und spielend, entwickeln lassen will.»[71]

Schon hier manifestiert sich die Bindungsangst Goethes in der scheinbar herabsetzenden Charakteristik Lilis als einer «niedlichen Blondine», die ihn mit einem «Paar schönen Augen» am Spieltisch festhalte.

Nach der offiziellen Verlobung wird der Ton verzweifelter, weniger humoristisch: «O daß ich alles sagen könnte. Hier in dem Zimmer des Mädchens, das mich unglücklich macht, ohne ihre Schuld, mit der Seele eines Engels, dessen heitre Tage ich trübe, ich!»[72]

Und bald macht abermals – nach dem «Gesetz der Antipathie», das Goethe einst an Kestner formuliert hatte – der Abstand von Lili «das Band nur fester, das mich an sie zaubert», was ihn allerdings nicht hindert, der Einladung des Herzogs nach Weimar zu folgen und dadurch die Verlobung endgültig zu lösen.

Nach seiner Ankunft in Weimar hat Goethe seine einstige Verlobte nur noch einmal wiedergesehen. Nachdem er 1779 auf seiner zweiten Schweizer Reise in Sesenheim bei Friederike Brion eingekehrt war, stattete er auch Lili, die inzwischen als Ehefrau und Mutter in Straßburg lebte, einen Besuch ab. An Frau von Stein schreibt er: «Ich ging zu Lili und fand den schönen Grasaffen mit einer Puppe von sieben Wochen spielen, und ihre Mutter bei ihr. [...] Da ich denn zu meinem Ergötzen fand, daß die gute Creatur recht glücklich verheiratet ist.»[73] Reichlich kühl klingen diese Worte, die, vielleicht aus Furcht vor einer möglichen Eifersucht der Frau von Stein, die innere Verletztheit überspielen, die Goethe empfinden mußte, als er sich ersetzt fand.

Lili ihrerseits wird sich in Empfehlungsschreiben für eine Bekannte und für einen ihrer Söhne, den sie mit Goethe bekannt machen möchte, noch zweimal brieflich an den Dichter wenden. Während der erste Brief von 1801 noch unsicher und demütig wirkt (viermal wird Goethe mit der Anrede «Verehrungswürdiger» bedacht), schlägt der zweite Brief, datiert vom 21. September 1807, vertrautere Töne an: *Der Gedanke, eines meiner Kinder in Weimar zu wissen, verbindet sich mit dem lebhaften Wunsche, daß es ihm in Goethes Nähe wohl werden möchte.*[74] Und Goethe antwortet mit den warmen Zeilen: «Zum Schluß erlauben Sie mir zu sagen: daß es mir unendliche Freude machte, nach so langer Zeit einige Zeilen wieder von Ihrer lieben Hand zu sehen, die ich tausendmal küsse in Erinnerung jener Tage, die ich unter die glücklichsten meines Lebens zähle.»[75]

Hier nun sind die Quellen erschöpft, die wir für Goethes Beziehung zu Lili besitzen: seine Gedichte aus dieser Zeit, seine Briefe an Auguste zu Stolberg, die Schwester der beiden Grafen, seine späte Darstellung in «Dichtung und Wahrheit» und die noch späteren Bemerkungen gegenüber Soret, die in Eckermanns «Gespräche mit Goethe» eingegangen sind. Ferner den Brief an Frau von Stein über seinen Besuch 1779 sowie den späten Briefaustausch Goethes mit Lili 1801 und 1807, der freilich auf die beiden Gelegenheitsschreiben Lilis und Goethes Antworten beschränkt blieb.

Lili von Türckheim im Kreise ihrer Familie.
Zeichnung von Christophe Guérin, 1789

Aus dem Halbdunkel der indirekten Überlieferung tritt Lili erst heraus, wenn wir uns ihrem späteren Leben zuwenden. Nach ihrer geschei-
terten Beziehung zu Goethe und einer zweiten glücklosen Verlobung
verheiratete Lili sich 1778 mit dem Bankier Bernhard Friedrich von
Türckheim und folgte ihm in seine Heimatstadt Straßburg. Sechs Kinder
gingen aus ihrer Ehe hervor; fünf Söhne und eine Tochter, alle von der
Mutter zärtlich geliebt, wuchsen heran. Sorgen bereiteten ihr insbesondere ihre Brüder, die nach dem völligen Zusammenbruch des Schöne-
mannschen Bankhauses offenbar hohe Forderungen an die Schwester
stellten – einzig zu dem Lieblingsbruder Johann Friedrich, ihrem *besten
Freund*, behielt Lili eine lebenslange, ungetrübt liebevolle Beziehung.
Die zerrütteten finanziellen Verhältnisse ihrer Familie erschwerten sehr
ihr Verhältnis zu ihren Schwiegereltern, und so klagt sie gegenüber ihrem
Freund Johann Caspar Lavater: *Sie wissen, bester Freund, wie viel ich im
Hause durch alte, gegen mich gefaßte Vorurteile zu leiden habe, wie an-
haltend ich beobachtet und getadelt werde, und wie der schönste Teil mei-
nes Lebens durch beständiges Stoßen und Drucken dahinfließt. […] Die*

Unglücke meiner Familie erweckten und verstärkten die eingeschläferte Aufmerksamkeit, und ich leide doppelt, durch das Unglück selbst und die den Eindruck hervorbringenden Wirkungen.[76]

Dieser Brief Lilis, datiert vom 23. März 1785, ist einer der frühesten unter den zahlreichen erhaltenen Briefen aus ihrer Feder, die den Zeitraum von 1770 bis 1816 umfassen.[77]

Goethe wird in diesen Briefen, abgesehen von den beiden direkt an ihn adressierten Schreiben, kein einziges Mal erwähnt. Für Lilis Beziehung zu dem Dichter kann man aus ihrer Korrespondenz somit keine Aufschlüsse erwarten, sehr wohl aber für ein Bild ihres Charakters. Die meisten Briefe, abgesehen von den beiden an Goethe und einigen wenigen an Lavater und an den Erzieher ihrer Kinder, Franz Heinrich Redslob, sind an engste Verwandte gerichtet, an den Ehemann, an den Lieblingsbruder Johann Friedrich und an die Kinder. Sie vermitteln das Bild einer tiefreligiösen Frau, einer liebevoll besorgten Mutter, Ehefrau und Schwester, die mit Lebensklugheit und Tüchtigkeit alle Wechselfälle ihres schwierigen Lebens zu meistern verstand.

Zu den zahlreichen Sorgen um ihre Kinder (*Ja schwer und viel sind der Mutter Leiden und Schmerzen, aber tausendmal tausend der Freuden, die ihnen der Geber alles Gutes durch Kinder gewährt*[78]), trat im Jahre 1794 die Furcht um ihren Mann, der als Gegner der Französischen Revolution von der Guillotine bedroht war und fliehen mußte.

Lili folgte bald darauf, als Bäuerin verkleidet, mit ihren Kindern an der Hand oder auf dem Rücken, dem Ehemann ins deutsche Exil. Aus den Briefen, die ihre kleinen Söhne nach dem Gelingen der Flucht von Heidelberg aus an den Onkel richten, geht hervor, wie weise die Mutter ihre Kinder bei ihren strapaziösen Tages- und Nachtmärschen zu leiten und bei Laune zu halten verstand. Am 14. Juli 1794 kann der Sohn Karl den Bruder seiner Mutter beruhigen: «Endlich sind wir in das Land der Freiheit angekommen», und der kleine Wilhelm fügt stolz hinzu, er sei so tapfer marschiert, daß die Mama ihm ein Paar neue Stiefel versprochen habe. «Die liebe Mama», so beendet Lilis Sohn Fritz schließlich den Brief, «läßt sich wegen ihres Nichtschreibens entschuldigen, aber da wir nichts von unsren Sachen haben retten können, so ist sie so mit Hemdenschneiden und Nähen beschäftigt, daß sie nicht abkommen kann.»[79] «Da wir nichts von unsren Sachen haben retten können»: in der Tat bedeutet das Exil der Familie Türckheim einen völligen Neuanfang, und Lilis Korrespondenz dieser schwierigen Zeit ist ganz erfüllt von der tätigen Sorge um die Gründung eines neuen Hausstandes in Erlangen, wo man sich vorübergehend niederläßt. Daß *Müßiggang das Grab der Sittlichkeit*[80] sei, hatte Lili schon 1793 dem Bruder gegenüber verlauten lassen, und in der Zeit des Exils, für Lili freilich eine Rückkehr ins Vaterland, bewährt sie sich glänzend. Schon im folgenden Jahr kann ihr Ehemann nach Straßburg zurückkehren und bald seine Familie nachkommen lassen.

Lili und Bernhard Friedrich von Türckheim.
Miniatur, um 1800

Wieder widmet Lili sich ganz der freundschaftlichen Ermahnung und
Leitung ihrer Kinder, um deren Erziehung sie sich von Anbeginn an intensiv gekümmert hatte. *Ich erkenne das Glück, Kinder zu haben, als die
erste und reinste Quelle aller meiner Glückseligkeiten, was kann mir nach
dieser Überzeugung wichtiger sein als dieselben gut, nämlich so zu erzie-
hen, daß sie als Welt- und Himmelsbürger Glück um sich herum verbreiten
können*[81], hatte sie ihrem Freund Lavater im April 1790 anvertraut und
ihn gebeten, ihr einen Erzieher für ihre Kinder zu empfehlen. Die Eigenschaften, die sie von diesem fordert, verraten kluge pädagogische
Grundsätze: *Liebe ist das Erste, das Wesentlichste, das ich von einem Erzieher verlange,* er solle *von sanftem, festem Charakter* sein und Religion
besitzen, allerdings keine pedantische und auch keine allzu schwärmeri-
sche, sondern *die Religion des Herzens, die uns gegen Egoismus und
Untätigkeit schützt, indem sie unsere Liebe anfacht.* Da Lili weiß, daß ein

55

Das Haus in Krautergersheim

Erzieher sich seine Autorität nur dann erhalten kann, wenn er dabei von den Eltern unterstützt wird, räumt sie ihm über ihre Kinder die gleichen Rechte ein, über die sie selbst verfügt: *[...] wir machen es uns zur Pflicht, in Gegenwart der Kinder alles gutzuheißen, was er tun wird, er mag belohnen oder bestrafen, behalten uns aber zugleich das Recht vor, über das, was Veränderungen erfordert, uns freundschaftlich zu besprechen.*

Auch in ihrem Umgang mit den Kindern tritt Lili weitaus lieber als deren Freundin denn als gefürchtete Autorität auf. Als der Sohn Fritz das Elternhaus verläßt, um sich selbständig zu machen, entschuldigt sie ihre Ermahnungen mit ihrer mütterlichen Sorge: *Du bist allein, mein Teurer, allein in einer fremden und neuen Welt, allein vielleicht mit Deiner Meinung und Deinen Grundsätzen, und das hinwiederum in einem Augenblick, wo Du diejenigen, die eine erste Erziehung Dir gab, läutern und festigen, wo Du Vergleiche ziehen mußt, um selber zu wählen und Dich zu entscheiden!* [82]

Wird er wohl Grundsätze haben?, so soll, einer anekdotischen Überlieferung zufolge, Charlotte Kestner bei der Geburt eines jeden ihrer Kinder ausgerufen haben, und den gleichen Maßstab legte auch Lili an die Erziehung ihrer Kinder an. Tapfer wie Goethes Lotte riß auch sie sich in schwierigen Zeiten zusammen, *um nicht als das zu erscheinen, was ich bin,*

56

sondern als das, was ich sein soll, um die einen zu trösten, die andern zu stützen und zu ermutigen und bis zum Alleinsein in der Nacht den Schmerz zu verschließen, von dem mein Herz zerrissen wird[83]. Und ähnlich wie Lottes Kinder erkennen auch Lilis Kinder die Liebe ihrer Mutter dankbar an: «Du kennst Mama genügend, um zu wissen, daß die Unruhe, ihr Kind in Gefahr zu wissen, sie mehr angreift als alle Strapazen»[84], schreibt Lilis Sohn Karl an seinen Bruder Fritz.

Wenn Lili sich gerade nicht in Gedanken mit ihren Kindern beschäftigt, widmet sie sich in diesen Jahren mit Ausdauer dem Bau ihres Landsitzes im elsässischen Krautergersheim. Als *Oberbauinspektor* bezeichnet sie sich scherzhaft in den Briefen dieser Epoche, denn sie muß die Handwerker beaufsichtigen und sie – offenbar schon in ihrer Zeit eine Notwendigkeit – tüchtig schelten, wenn einmal etwas nicht so verläuft wie geplant.

Franz Ludwig Türckheim auf dem Totenbett. Auf die Zeichnung hat Lili geschrieben: «So sey du dem zurück gegäben / Der dich, du holdes Kind uns gab. / Dein Tod sey Übergang zum Leben, / Und Seeligkeit dein frühes Grab.»

Einige Male weilt sie, wenn sie sich gerade nicht in Krautergersheim aufhält, zur Erholung in Bädern. In den Jahren 1809 und 1810, als ihr Mann zum badischen Finanzminister ernannt wird, lebt sie mit ihm vorübergehend in Karlsruhe, und als Türckheim 1815, nach dem endgültigen Sturz Napoleons, als Abgeordneter in die französische Kammer berufen wird, verbringt sie einige Monate an seiner Seite in Paris. In ihrem letzten Brief, datiert vom Sommer 1816, klagt Lili bereits über einen starken Husten, der sie am Schreiben hindere, und am 6. Mai 1817 stirbt sie in ihrem geliebten Krautergersheim. «Das Band, so mich seit bald vierzig Jahren so innigst mit ihr vereinte, ist nicht getrennt», schreibt Bernhard Friedrich von Türckheim am folgenden Tag an den Schwager, Lilis liebsten Bruder Johann Friedrich Schönemann, «und ich wandle hinfür einsam hier mitten unter den Schöpfungen ihrer ländlichen Freuden, mit dem Bewußtsein, daß bis in der letzten Stunde ihre Hand noch segnend mich als Freund ihres Herzens bezeichnete.»[85]

Dieses letzte Zeugnis ihres Ehemannes, zusammen mit den bereits erwähnten Charakteristiken der Henriette von Beaulieu und der Bäbe Schultheß, die beide Lili während ihres Exils 1794/95 kennengelernt hatten, vermittelt gemeinsam mit Lilis unmittelbaren Selbstzeugnissen sicher ein authentischeres Bild als die stets auf den Empfänger bezogenen Briefzeugnisse Goethes dies vermögen. Wenn Goethe in seinem Brief an Frau von Stein Lili herabsetzend als einen «schönen Grasaffen» charakterisiert, damit einer möglichen Eifersucht der verehrten Freundin vorbeugend, oder wenn er zu Auguste zu Stolberg, die den Dichter vor einer festen Bindung, vielleicht ähnlich eifersüchtig wie die Schwester Cornelia, gewarnt hatte, von Lili als einer «niedlichen Blondine» spricht, so steht, wir haben es bereits gesehen, diesen zeitgenössischen Zeugnissen das Bekenntnis des alten Dichters gegenüber, er sei seinem Glück nie so nahe gewesen wie in jener Zeit mit Lili.

Ob Goethe in der Bindung an Lili in der Tat Erfüllung gefunden hätte, ist eine müßige Frage. Fest steht aber, daß die Frau, der er sich nun über zehn Jahre so leidenschaftlich zuwandte, Charlotte von Stein, die über sich selbst geurteilt hat, sie könne nicht *instinktmäßig* lieben, Lilis individuellem und natürlichem Begriff von Liebe nicht zugestimmt hätte: *So erhaben der Begriff von einer allgemeinen Liebe sein kann, so sehr ich den Menschen ehren und bewundern müßte, der in jedem einzelnen Menschen seinen Bruder erkennen und ihm als solchen dienen würde, so wenig kann ich mir ihn und eine vollkommene Gleichheit der Empfindungen denken. In der Natur ist sich nichts ganz gleich! Selbst in der Liebe zu meinen Kindern existiert Verschiedenheit, nach den Bedürfnissen und Mitteilungen eines jeden.*[86]

Charlotte von Stein
Ein reines Glas, «darin sich's so gut sich bespiegeln läßt»

Die Frau von Stein sei eine recht gute Frau gewesen, aber eben kein großes Licht, soll der Weimarer Herzog Carl August laut indirekter Überlieferung 1828, ein Jahr nach ihrem Tod, geäußert haben.[87] Dieses Urteil ist sicher etwas ungerecht, denn neben Charlotte von Steins berühmtestem Verehrer Johann Wolfgang von Goethe fühlten sich auch andere Größen der Weimarer Zeit, Karl Ludwig von Knebel etwa, Goethes ‹Urfreund›, der Arzt Johann Georg Zimmermann, Friedrich Schiller und seine Frau Charlotte oder Schillers einstige Geliebte Charlotte von Kalb, von der Persönlichkeit der adligen Hofdame geradezu magisch angezogen.

Dennoch hat die Goethe-Forschung lange das Pendel allzu sehr in die entgegengesetzte Richtung ausschlagen lassen und in Charlotte von Stein verklärend eine außergewöhnliche Frau von einer für ihre Zeit geradezu exzeptionellen Bildung gesehen. Das war sie sicher nicht.

Charlotte von Stein, die am 25. Dezember 1742 als Charlotte Ernestine Albertine von Schardt vermutlich in Eisenach geboren wurde, erfuhr vielmehr das in mancher Hinsicht exemplarische Frauenschicksal eines adligen Mädchens der Goethezeit. Schon als Sechzehnjährige trat sie in den Dienst der Herzogin Anna Amalia, deren Hofdame sie blieb, bis sie im Jahre 1764 eine Vernunftehe mit dem herzoglichen Stallmeister, nachmals Oberstallmeister, Josias von Stein einging. Sieben Kinder wurden in dieser Ehe geboren, die vier Mädchen starben jedoch schon

Josias Freiherr von Stein.
Seine vorzügliche Haltung
zu Pferde wurde allgemein gelobt.
Zeitgenössischer Scherenschnitt

im Kindesalter. Die anstrengenden Schwangerschaften hatten Charlotte von Stein zermürbt, und die Ehe mit ihrem Mann, der selten zu Hause war, zumeist an der Hoftafel speiste oder mit dem Herzog auf Reisen ging und sich ohnedies für nichts so sehr interessierte wie für seine Pferde, erfüllte sie keineswegs. Josias von Stein tolerierte die Neigungen seiner Frau – sie beherrschte nicht nur die französische Sprache, das Tanzen, Handarbeiten und Klavierspielen, sondern dilettierte bisweilen auch in der Malerei und Dichtkunst –, aber er teilte sie keineswegs.

So führte Charlotte von Stein ein freudloses und einsames Leben, und dies hätte sich wohl kaum geändert, wäre nicht im Jahre 1775 Johann Wolfgang Goethe, bereits als Dichter des «Götz von Berlichingen» und insbesondere des «Werther» berühmt, nach Weimar gekommen. Schon das Vorspiel der zehn Jahre währenden leidenschaftlichen Beziehung Goethes zu der um sieben Jahre älteren Charlotte von Stein mutet geradezu mystisch an. Im Jahre 1774, als der Roman «Die Leiden des jungen Werthers» erschienen war, hatte Charlotte von Stein, hingerissen von der Lektüre, ihren Freund, den Arzt Johann Georg Zimmermann, den sie ein Jahr zuvor in Bad Pyrmont kennengelernt hatte, um eine Charakteristik des Dichters gebeten. Gern erfüllte dieser die Bitte seiner Freundin, mit geradezu kupplerischen Worten: «Sie verlangen, daß ich Ihnen von Goethe rede? Sie möchten ihn sehen? Ich werde sogleich über ihn berichten. Aber, arme Freundin, Sie bedenken es nicht. Sie wünschen, ihn zu sehen, und Sie wissen nicht, bis zu welchem Punkte dieser liebenswürdige und bezaubernde Mann Ihnen gefährlich werden könnte! – Ich schneide einen Stich aus Lavaters ‹Physiognomik› heraus, um Ihnen mit dieser Adlerphysiognomie ein Geschmack zu machen.»[88]

Mit einem Schattenriß also beginnt das Vorspiel, und Schattenrisse werden in dieser geheimnisvollen Vorgeschichte auch weiter eine Rolle spielen. Zimmermann stimmt nämlich nicht nur seine Freundin durch Goethes Schattenriß neugierig, er zeigt umgekehrt auch dem jungen Dichter den Schattenriß der Frau von Stein und berichtet dieser im Oktober 1775, kurz vor Goethes Ankunft in Weimar, was der Dichter selbst auf den Rand des Blattes geschrieben habe: «Es wäre ein herrliches Schauspiel zu sehen, wie die Welt sich in dieser Seele spiegelt. Sie sieht die Welt, wie sie ist, und doch durchs Medium der Liebe. So ist auch Sanftheit der allgemeinere Eindruck.»[89] Und Zimmermann fügt hinzu, daß alles, was er Goethe über Frau von Stein berichtet habe, diesem drei Nächte lang den Schlaf geraubt habe.

Daß diese Vorankündigung Charlotte von Stein auf die Ankunft des Dichters neugierig stimmte, darf man wohl annehmen. Ähnlich erwartungsvoll dürfte Goethe der persönlichen Begegnung entgegengesehen haben, denn schon im Juli 1775 hatte er an seinen und Zimmermanns gemeinsamen Freund Johann Caspar Lavater zur Silhouette der Frau von Stein folgende Kennzeichen notiert:

Charlotte von Stein. Silberstiftzeichnung,
vermutlich Selbstporträt, um 1780

«Stein
Festigkeit
Gefälligkeit. Unverändertes Wohnen des Gegenstandes
Behagen in sich selbst
Liebevolle Gefälligkeit
Naivetät und Güte, selbstfließende Rede
Nachgiebige Festigkeit

Wohlwollend
Treubleibend
Siegt mit Netzen.»[90]

Zwar schrieb Charlotte von Stein noch im März 1776 an Zimmermann: *Ich fühl's, Goethe und ich werden niemals Freunde*[91], da Goethes und des Herzogs wildes Geniegebaren ihr sehr mißfielen, in Wahrheit aber gab Goethe ihrem Leben einen neuen Sinn. Noch im November 1775, nachdem Goethe gerade erst in Weimar eingetroffen war, hatten sie einander kennengelernt, und schon im Dezember besuchte Goethe Frau von Stein auf ihrem Gut in Großkochberg und ritzte seinen Namen in ihre Schreibtischplatte ein.

Beide, Frau von Stein und Goethe, empfingen aus dieser Seelenbeziehung die Anregungen, derer sie in dieser Phase ihres Lebens bedurften. Charlotte hatte endlich einen Geistesverwandten gefunden, der sie an seinen Gedanken und literarischen Plänen teilhaben ließ. An Knebel schrieb sie am 7. Juli 1783: *Ich halte mich glücklich, daß mir beschieden ist, seine goldnen Sprüche zu hören.*[92] Und Goethe, der noch immer, wie aus seinen Briefen der Zeit hervorgeht, seine Schwester Cornelia schmerzlich vermißte, hatte wieder einmal, wie zuvor in Maximiliane von LaRoche oder Gustchen zu Stolberg, einen Ersatz für seine Schwester gefunden: Frau von Stein «hat meine Mutter, Schwester und Geliebten nach und nach geerbt, und es hat sich ein Band geflochten, wie die Bande der Natur sind»[93], schrieb er am 20. September 1780 an Lavater. Und Charlotte gegenüber hatte er schon früh, im Februar 1776, ausgerufen: «O hätte meine Schwester einen Bruder irgend wie ich an dir eine Schwester habe.»[94] Die Beziehung wurde schnell sehr intensiv, und es scheint, als sei Charlotte von Stein, mehr noch als Goethe, der gebende Partner gewesen. Sie verwies Goethe sein wildes Treiben, hielt ihn in Schranken, verbot ihm das vertrauliche «Du», das er sich schon zu Beginn des Verhältnisses angemaßt hatte, und zeigte ihm dennoch – wenngleich in den Grenzen, die ihr Status als verheiratete Frau ihr gebot –, daß auch sie Gefühle für den Dichter hegte.

> *Obs unrecht ist, was ich empfinde –*
> *und ob ich büßen muß die mir so liebe Sünde*
> *will mein Gewissen mir nicht sagen;*
> *vernicht' es Himmel, du! wenn michs je könnt' anklagen [...]*[95]

schreibt Charlotte von Stein im Oktober 1776 auf die Rückseite eines Briefes von Goethe.

Trotzdem verwehrt sie ihm jegliche Intimitäten. «Adieu, liebe Schwester, weil's denn so sein soll»[96], so unterzeichnet Goethe am 16. April 1776 seinen Brief und nennt kurz darauf seine Liebe zu Charlotte «eine anhaltende Resignation»[97]. Dieser Resignationstopos wird bald zum Basso continuo seiner Briefe und Gedichte an Charlotte von Stein. Im Mai 1776 schreibt er: «Du hast recht, mich zum Heiligen zu machen, das heißt mich von deinem Herzen zu entfernen. Dich, so heilig du bist, kann ich nicht zur Heiligen machen, und hab' nichts als mich immer zu quälen, daß ich mich nicht quälen will.»[98] Im Juli desselben Jahres klagt er: «Will mich in der Melancholie meines alten Schicksals weiden, nicht geliebt zu werden, wenn ich liebe.»[99]

Und am 14. April hatte er Charlotte jenes berühmte Gedicht gesandt, in dem er seine Beziehung zu ihr zu charakterisieren unternimmt:

Warum gabst du uns die tiefen Blicke,
Unsre Zukunft ahndungsvoll zu schaun,
Unsrer Liebe, unserm Erdenglücke
Wähnend selig nimmer hinzutraun?
Warum gabst uns, Schicksal, die Gefühle,
Uns einander in das Herz zu sehn,
Um durch all' die seltenen Gewühle
Unser wahr Verhältnis auszuspähn?

Ach, so viele tausend Menschen kennen,
Dumpf sich treibend, kaum ihr eigen Herz,
Schweben zwecklos hin und her und rennen
Hoffnungslos in unversehnem Schmerz;
Jauchzen wieder, wenn der schnellen Freuden
Unerwart'te Morgenröte tagt.
Nur uns armen liebevollen Beiden
Ist das wechselseit'ge Glück versagt,
Uns zu lieben, ohn' uns zu verstehen,
In dem andern sehn, was er nie war,
Immer frisch auf Traumglück auszugehen
Und zu schwanken auch in Traumgefahr.

Glücklich, den ein leerer Traum beschäftigt!
Glücklich, dem die Ahndung eitel wär'!
Jede Gegenwart und jeder Blick bekräftigt
Traum und Ahndung leider uns noch mehr.
Sag', was will das Schicksal uns bereiten?
Sag', wie band es uns so rein genau?
Ach, du warst in abgelegten Zeiten
Meine Schwester oder meine Frau;

Kanntest jeden Zug in meinem Wesen,
Spähtest, wie die reinste Nerve klingt,

Konntest mich mit einem Blicke lesen,
Den so schwer ein sterblich Aug' durchdringt.
Tropftest Mäßigung dem heißen Blute,
Richtetest den wilden irren Lauf,
Und in deinen Engelsarmen ruhte
Die zerstörte Brust sich wieder auf;
Hieltest zauberleicht ihn angebunden
Und vergaukeltest ihm manchen Tag.
Welche Seligkeit glich jenen Wonnestunden,
Da er dankbar dir zu Füßen lag,
Fühlt' sein Herz an deinem Herzen schwellen,
Fühlte sich in deinem Auge gut,
Alle seine Sinnen sich erhellen,
Und beruhigen sein brausend Blut.

Und von allem dem schwebt ein Erinnern
Nur noch um das ungewisse Herz,
Fühlt die alte Wahrheit ewig gleich im Innern,
Und der neue Zustand wird ihm Schmerz.
Und wir scheinen uns nur halb beseelet,
Dämmernd ist um uns der hellste Tag.
Glücklich, daß das Schicksal, das uns quälet,
Uns doch nicht verändern mag.

Jedoch durchzieht noch ein anderes, weniger beachtetes Leitmotiv Goethes Briefe an Frau von Stein, darauf hindeutend, daß Goethe seine Beziehung zu der geliebten und verehrten Freundin in ihrer Bedeutung ganz richtig einschätzte als das, was sie war: als eine therapeutische Behandlung und Mäßigung seiner bisher reichlich verworrenen Gefühle.

«Gestern von Ihnen gehend», so schreibt er am 8. November 1777, «hab ich noch wunderliche Gedanken gehabt, unter andern: ob ich Sie auch wirklich liebe oder ob mich Ihre Nähe nur wie die Gegenwart eines so reinen Glases freut, darin sich's so gut sich bespiegeln läßt.»[100] Ähnlich am 5. Mai 1780: «Bleiben Sie mir nah und verzeihen Sie, daß ich immer über mein Eigenstes mit Ihnen rede, hätt' ich Sie nicht, ich würde zu Stein.»[101] Am 14. Juni desselben Jahres: «Sie sehen, ich erzähle immer vom Ich. Von anderm weiß ich nichts, denn mir inwendig ist zu tun genug, von Dingen, die einzeln vorkommen, kann ich nichts sagen, nehmen Sie also hier und da ein Resultat aus dem Spiegel, den Sie kennen.»[102] Und immer wieder bittet er Charlotte, «dieses ewige περὶ ἑαυτοῦ»[103], diese permanente Selbstbespiegelung, gutmütig aufzunehmen.

Man hat stets gesehen, daß im Frühjahr 1781 eine Wende im Verhältnis der beiden zueinander eingetreten zu sein scheint: «Meine Seele ist fest an die deine angewachsen», schreibt Goethe am 12. März 1781, «ich mag keine Worte machen, du weißt, daß ich von dir unzertrennlich bin und daß weder Hohes noch Tiefes mich zu scheiden vermag. Ich wollte, daß es irgend ein Gelübde oder Sakrament gäbe, das mich dir auch sichtlich und gesetzlich zu eigen machte, wie wert sollte es mir sein. Und mein Noviziat war doch lange genug, sich zu bedenken. Adieu. Ich kann nicht mehr Sie schreiben, wie ich eine ganze Zeit nicht du sagen konnte.»[104]

Von dem Augenblick an, in dem Goethes Ton direkter, fordernder wird, in dem möglicherweise auch Charlotte von Stein dem Dichter ihre Gefühle gestanden hat («meine Neue»[105] nennt er sie einige Tage später, am 23. März), mischen sich in seine Briefe jedoch auch erste Anzeichen einer Unruhe, die ihn von Weimar fortzieht. Ein «böser Genius»[106] rate ihm zur Flucht, meldet er der Geliebten schon im Juli 1781, und am Weihnachtsabend 1782 ruft er aus: «O liebe Lotte, wenn ich dich nicht hätte, ich ging' in die weite Welt.»[107]

Zwar fühlt er sich noch immer, wie er schon am 14. Februar 1776 seiner Frankfurter Freundin Johanna Fahlmer geschrieben hatte, «geheftet und genistelt»[108] an Frau von Stein und gesteht dieser im September 1785: «Ich sehe, wie wenig ich für mich bestehe und wie notwendig mir dein Dasein bleibt, daß aus dem meinigen ein Ganzes werde»[109], dennoch aber scheint ihn die Beziehung zu der verehrten Freundin und Erzieherin zunehmend zu belasten. So bricht er am 3. September 1786 heimlich von Karlsbad aus nach Italien auf und entzieht sich wieder einmal einer Bindung durch Flucht.

Die Umstände dieser Abreise mußten Charlotte von Stein tief verletzen. Noch wenige Tage zuvor, am 16. August, hatte der Dichter ihr geschrieben: «Du solltest immer mit mir sein, wir wollten gut leben.»[110] Und am 28. August, an Goethes Geburtstag, legt sie ihm, seine baldige Rückkehr erwartend, ein kleines Geschenk in seinen Schreibtisch[111], ohne zu ahnen, daß ihr Freund erst zwei Jahre später und gänzlich verändert zurückkehren werde. Ihre Tragik, das große Mißverständnis ihrer Beziehung zu Goethe, lag darin, daß sie nicht erkannte, wie zeitbedingt ihre Rolle in Goethes Leben war. Er bedurfte ihrer Leitung in einer ganz entscheidenden Phase seines Lebens, als Ratgeberin, Besänftigerin, Seelenfreundin, verdankte ihr die Ordnung seiner Gefühle und die für seine verantwortungsvolle politische Tätigkeit in Weimar so nötige Selbstdisziplin, konnte aber auf Dauer kein Genügen finden in der Beziehung zu einer Freundin, die nicht bereit war, ihm mehr als Seelenfreundschaft zu geben. Goethes Mißverständnis wiederum bestand darin, daß er, indem er durch seine Reise nach Italien seinen eigenen Lebensweg konsequent weiterging, nicht erkannte, was er der einstigen Freundin durch seine plötzliche und heimliche Flucht angetan hatte, die sie wieder in die Einsamkeit zurückstieß, aus der Goethes Ankunft in Weimar sie herausgerissen hatte.

Gern und häufig wird Frau von Steins kleinliche Rache im Trauerspiel

«Dido» zitiert, werden ihre gehässigen Bemerkungen über *den ehemaligen Freund*, den *dicken Geheimrat* angeführt, die sie in den Jahren nach Goethes Rückkehr aus Italien in Briefen an ihre Freunde äußerte. Viel unmittelbarer aber und rührender drückt sich ihr Schmerz in den unbeholfenen Versen aus, die sie noch im September 1786 auf ihrem Gut Großkochberg verfaßte:

Ihr Gedanken fliehet mich
wie der Freund von mir entwich
ihr erinnert mich der Stunden
die so liebevoll verschwunden
o! wie bin ich nun allein
ewig werd' ich einsam sein.

Wenn im Aug' die Träne quillt
und der Schmerz das Herz aufschwillt
Wenn es dich den Lüften nennet
aus der Brust der Atem brennet
bleibt doch alles um mich leer
keine Antwort wird mir mehr.

Ach ich möchte fort und fort
eilen und weiß keinen Ort
weiß mein Herz an nichts zu binden
weiß kein Gutes mehr zu finden
alles alles floh mit Dir
ich allein verarmt in mir.

Was mir seine Liebe gab
hüll ich wie ins tiefe Grab,
ach es sind Erinnrungsleiden
süßer abgeschiedner Freuden
was mich sonst so oft entzückt
und ich an mein Herz gedrückt.

Schutzgeist hüll mir nun noch ein
seines Bildes letzten Schein
wie er mir sein Herz verschlossen
das er sonst so ganz ergossen
wie er sich von meiner Hand
stumm und kalt hat weggewandt.[112]

So endet dieses Jahrzehnt einer großen wechselseitigen Liebe auf einer traurigen Note. Für die Darstellung dieser Jahre sind wir wiederum auf

Schloß Großkochberg, der Wohnsitz der Frau von Stein,
von Südwesten gesehen. Zeichnung von Goethe, Bleistift, Feder,
Tuschlavierung, 1777 (?)

Goethe als Quelle angewiesen, auf die gut 1800 Briefe, die er in jener
Zeit an Charlotte von Stein geschrieben hat, darunter innige Liebes-
briefe, aber auch zahlreiche Billetts, die Alltagsnachrichten enthalten,
Dank sagen für eine Gabe der Freundin oder umgekehrt ein Geschenk
begleiten, Gemüse aus dem Garten etwa oder Delikatessen.

Ihre eigenen Briefe hat Charlotte von Stein nach dem Bruch mit
Goethe zurückerbeten und verbrannt. Die Briefe Goethes jedoch hat sie
sorgfältig und liebevoll aufbewahrt und ihrem Sohn Fritz vermacht, mit

Frau von Stein mit
der Büste ihres Sohnes
Fritz. Aus: «Physio-
gnomische Fragmente
zur Beförderung der
Menschenkenntnis
und Menschenliebe»
von Johann Caspar
Lavater, 1775–1778.
Zeichnung in Scheren-
schnittmanier

Ausnahme derer aus Italien, die Goethe 1816, als er seine «Italienische
Reise» redigierte, von ihr zurückerbeten hatte.

Briefe Charlottes an Goethe besitzen wir erst aus ihrem letzten Le-
bensdrittel, aus den Jahren 1794 bis 1826, denn die Briefe, die sie ihm
nach Italien sandte, hat Goethe selbst auf ihren ausdrücklichen Wunsch
hin vernichtet. So fehlt uns ihre Perspektive bis hin zum vorläufigen
Bruch mit Goethe im Jahre 1789. Wie kam es zu diesem Bruch, der zu einer fünfjährigen Pause in der Korrespondenz führte? Hierüber klärt uns
ein Brief von Karoline Herder an ihren Mann auf, die, wie die meisten
Damen der Weimarer Gesellschaft, dem Klatsch und Tratsch oft und
gern ein offenes Ohr und ihre Stimme lieh: «Ich habe nun das Geheimnis von der Stein selbst, warum sie mit Goethe nicht mehr recht gut sein
will. Er hat die junge Vulpius zu seinem Klärchen und läßt sie oft zu sich
kommen etc. Sie verdenkt ihm dies sehr.»[113]

«Die junge Vulpius», damit ist Christiane Vulpius gemeint, die

Goethe im Juli 1788, kurz nach seiner Rückkehr aus Italien, kennengelernt und bald darauf in sein Haus aufgenommen hatte, als ‹Haushälterin›, mehr noch aber (dies verbirgt sich hinter Karoline Herders vieldeutigem «etc.») als Geliebte, die er, wenn auch vorerst ohne Trauschein, bald als seine Ehefrau betrachtete.

Charlotte von Stein scheint von Goethe eine Beendigung dieses Verhältnisses gefordert zu haben, jedenfalls schreibt *der ehemalige Freund* ihr am 1. Juni 1789 einen Brief, der innerhalb der Goetheschen Korrespondenz an Härte und Bestimmtheit wohl kaum seinesgleichen hat. Nicht nur verbittet Goethe sich jegliche Einmischung in sein Liebesverhältnis, er wirft Charlotte auch vor, daß sie ihn nach seiner Rückkehr aus Italien ohne das mindeste Verständnis empfangen habe:

«Leider warst du, als ich ankam, in einer sonderbaren Stimmung und ich gestehe aufrichtig: daß die Art, wie du mich empfingst, wie mich andre nahmen, für mich äußerst empfindlich war. Ich sah Herdern, die Herzogin verreisen, einen mir dringend angebotnen Platz im Wagen leer, ich blieb um der Freunde willen, wie ich um ihretwillen gekommen war, und mußte mir in demselben Augenblick hartnäckig wiederholen lassen, ich hätte nur wegbleiben können, ich nehme doch keinen Anteil an den Menschen usw. Und das alles eh von einem Verhältnis die Rede sein konnte, das dich so sehr zu kränken scheint. Und welch ein Verhältnis ist es? Wer wird dadurch verkürzt? wer macht Anspruch an die Empfindungen, die ich dem armen Geschöpf gönne? Wer an die Stunden, die ich mit ihr zubringe? [...] Unglücklicherweise hast du schon lange meinen Rat in Absicht des Caffees verachtet und eine Diät eingeführt, die deiner Gesundheit höchst schädlich ist. Es ist nicht genug, daß es schon schwer hält, manche Eindrücke moralisch zu überwinden, du verstärkst die hypochondrische quälende Kraft der traurigen Vorstellungen durch ein physisches Mittel, dessen Schädlichkeit du eine Zeitlang wohl eingesehn und das du, aus Liebe zu mir, eine Weile vermieden und dich wohl befunden hattest.»[114]

Ein großes *O* mit drei Ausrufungszeichen, das Charlotte auf diesen Brief notierte, Indiz einer hilflosen, fassungslosen Enttäuschung und Wut, ist alles, was wir von ihrer Reaktion noch wissen – sie scheint Goethes Brief, dem noch ein weiterer, datiert vom 8. Juni, folgte, nicht beantwortet zu haben.

Als Goethe diese Briefe schrieb, war seine Lebensgefährtin Christiane von ihm schwanger, und zu Weihnachten 1789, an Charlotte von Steins siebenundvierzigstem Geburtstag, wurde Goethes Sohn August geboren. Er wurde auch zum Bindeglied der ehemals Liebenden, denn Frau von Stein fühlte bald eine herzliche Zuneigung zu dem Knaben. So wie Goethe einst den Lieblingssohn seiner Freundin, Fritz von Stein, geliebt und sogar drei Jahre lang in sein Haus aufgenommen und erzogen hatte, so wandte Charlotte nun ihre Liebe dem Sohn Goethes zu und beendete damit die un-

Goethe mit Fritz von Stein. Aus: «Physiognomische Fragmente zur Beförderung der Menschenkenntnis und Menschenliebe» von Johann Caspar Lavater, 1775–1778. Zeitgenössischer Scherenschnitt

schöne Periode eisigen Stillschweigens von 1789 bis 1794, die so reich an hämischen Bemerkungen über *den dicken Geheimrat* gewesen war.

Das Mitleid bemächtigt mich manchmal über ihn, daß ich weinen könnte [115], hatte Charlotte ihrem Sohn Fritz, dem wichtigsten Briefpartner jener Jahre, im Mai 1791 geschrieben und im Juni des folgenden Jahres berichtet: *Von unserm ehemaligen Freund habe ich wieder etwas Schlechtes gehört. Wenn ich ihn nur aus meinem Gedächtnis wischen könnte.* [116] Einen *ausgelöschten Stern* [117] hatte sie ihn im Juli 1793 genannt, *dick mürrisch* [118] sehe er aus, hatte sie im Juli 1794 geklagt, und noch im Februar 1796 gibt sie die wenig schmeichelhafte Beschreibung: *Er war entsetzlich dick, mit kurzen Armen, die er ganz gestreckt in beide Hosentaschen hielt.* [119] Ihre eigene Verletztheit hatte sie sich 1793, ein Jahr nach dem Tod ihres Mannes, in dem Drama «Dido» von der Seele geschrieben, in dem sich folgendes Zwiegespräch zwischen Elissa (Frau von Stein) und Ogon, dem Hofpoeten (Goethe), findet:

Elissa: Einmal betrog ich mich in dir, jetzt aber sehe ich allzugut, ohn-geachtet des schönen Kammstrichs deiner Haare und deiner wohlge-formten Schuhe, dennoch die Bockshörnerchen, Hüfchen und dergleichen Attribute des Waldbewohners, und diesen ist kein Gelübde heilig.

Ogon: Diese falschen Vorstellungen kommen von einem dir ungesunden Trank her, den ich dir immer verwies.[120]

Hier wird erkennbar, wie tief es Charlotte gekränkt haben muß, daß Goethe in jenem harten Brief vom 1. Juni 1789 ihre Verletztheit auf ihren übermäßigen Kaffeegenuß zurückgeführt hatte.

Im selben Drama läßt sie Ogon eine Selbstcharakteristik geben, die ein Seitenstück darstellt zu ihrem häufigen brieflichen Spott über den Geheimrat, dessen *immer zunehmende Dickheit*[121] sie in jenen Jahren so erschreckt:

Ich war einmal ganz im Ernst nach der Tugend in die Höhe geklettert, ich glaubte, oder wollte das erlesene Wesen der Götter sein, aber es bekam meiner Natur nicht; ich wurde so mager dabei. Jetzt seht mein Unterkinn, meinen wohlgerundeten Bauch, meine Waden! Sieh, ich will dir freimütig ein Geheimnis offenbaren: Erhabene Empfindungen kommen von einem zusammengeschrumpften Magen.[122]

Literarisch ist dieses Drama, obwohl es von Friedrich Schiller über Gebühr gelobt wurde, kein Meisterwerk. Es verrät aber viel über Frau von Steins Seelenlage und über die Notwendigkeit, sich von ihrer Ent-täuschung freizuschreiben.

Wenn es 1794 dennoch zu einer vorsichtigen Wiederannäherung der einst Liebenden kam, so war dafür, neben dem Einfluß von Goethes Sohn August, auch Goethes neue Freundschaft mit Friedrich Schiller verantwortlich. Seine Frau Charlotte war Frau von Steins innigste Freun-din und, nach dem Sohn Fritz, ihre wichtigste und liebste Briefvertraute. Insbesondere dann, wenn Goethe gefährlich erkrankte – dies war in je-nen Jahren mehr als einmal der Fall –, zeigte sich die alte Anhänglichkeit Charlottes und ihre Sorge um den Freund. Nur ist es in dem milde abge-klärten Altersbriefwechsel zwischen dem *lieben Geheimrat* und der «ver-ehrten Freundin» jetzt nicht mehr Goethe, der bittet und empfängt, son-dern Frau von Stein, deren Briefe an den Dichter das ängstliche, beinahe demütige Bestreben verraten, das alte vertraute Verhältnis wiederherzu-stellen: *Ich danke Ihnen, lieber Geheimderat, für die gütige Mitteilung Ihres Manuskripts*[123] (November 1796). *Mit einem Gutenmorgen und vielen Dank für die Mitteilung der hier wieder zurückfolgenden Lebens-geschichte bitte ich Sie, guter Geheimderat, manchmal meiner zu geden-ken, wenn Ihnen etwas unter die Hände kommt, das Sie mir mitteilen könnten. Ihre alte Freundin von Stein*[124] (Februar 1802). *Ich höre, Sie sind krank, lieber Geheimderat; da alles so um mich herum stirbt, so wird mir angst für alles, was mir lieb ist, sagen Sie mir ein freundlich Wort, daß Sie leidlich sind*[125] (Januar 1804). *Tausend, tausend Dank, allerbester, liebens-*

Charlotte von Stein im Alter. Lithographie,
vermutlich nach einem Bildnis von Luise Seidler

würdigster Geheime Rat, für den allerliebsten Witz auf dem zierlichen Blatt. Unter vielen liebreichen Geschenken, so ich diese Weihnachten bekommen, hat mich keins so gefreut als Ihr anmutiger Dank für meine kleine Gabe, der Sie vermutlich die Herzlichkeit angesehen und dafür mit eigner Handschrift belohnt Ihre Sie mit der Beständigkeit du siècle d'or verehrende Freundin von Stein [126] (Dezember 1814). *Wie befinden Sie sich, lieber Geheimderat, nach dem gestrigen harten Sitz auf meiner Bank? Ich habe mir Vorwürfe gemacht, daß ich Ihnen keinen Stuhl kommen ließ, aber der liebe Besuch war mir zu unerwartet* [127] (Juli 1825). *[…] mir aber erbitte ich, verehrter Freund, Ihr freiwilliges Wohlwollen auf meiner noch kurzen Lebensbahn* [128] (28. August 1826). Wenige Monate nach diesem Gruß zu Goethes siebenundsiebzigstem Geburtstag starb Charlotte von Stein am 6. Januar 1827 vierundachtzigjährig zu Weimar. Liest man ihre Altersbriefe an Goethe, so reich an Demutsbezeugungen und Klagen über die wachsenden körperlichen Beschwerden und über ihre zunehmende Einsamkeit, so kann man nicht umhin, ihre bis zuletzt bissigen Bemerkungen über Goethe an Dritte, insbesondere an den Sohn Fritz und die Freundin Charlotte von Schiller, als Schutzpanzer zu interpretieren, den die verlassene und vereinsamte Frau, der nichts wichtiger war als nach außen hin ihre Contenance zu wahren, um sich herum aufbaute. *Ich kann nicht instinktmäßig lieben* [129], hatte Charlotte von Stein einst ihrem Sohn Fritz gegenüber bekannt, und doch hatte sie – wider ihren anfänglichen Willen – zu Goethe eine Neigung gefaßt, die man kaum anders als instinktmäßig nennen kann.

Ihren ältesten Sohn Karl hatte sie stets vernachlässigt, ihr mittlerer Sohn Ernst war, ohne von der Mutter allzusehr betrauert zu werden, kaum zwanzigjährig gestorben, und einer indirekten Überlieferung zufolge soll sie einst, als ihr kranker Ehemann Josias hinter ihr die Treppe heruntergefallen war, ihrem Diener zugerufen haben: *Heb' er da mal auf!*, ohne sich selbst umzuwenden.

Goethes Krankheiten jedoch versetzten sie stets in Angst und Schrecken, in ganz ungeheuchelte, echte Sorge und Anteilnahme. Von dieser zeugt noch ihr letzter, nicht erfüllter Wunsch, daß ihr Sarg nicht an Goethes Haus vorbeigetragen werden solle. Wußte sie doch, daß ihr Freund eine große Scheu vor dem Tod hatte.

Goethe hat sich zum Tod der Frau von Stein nicht geäußert. Lediglich der Kanzler Friedrich von Müller berichtet einem Bekannten: «Nun ist vor kurzem seine älteste Freundin, Frau von Stein, hier, 84 Jahre alt, gestorben. Das griff ihn, ob er schon nicht ein Wort darüber sprach, doch auch sehr an.» [130]

Auch sonst hat Goethe über seine Beziehung zu Charlotte von Stein auffälliges Stillschweigen bewahrt. Das entscheidende erste Weimarer Dezennium hat er in seinen autobiographischen Schriften ausgespart, obwohl doch sonst alle Phasen seines Lebens durch Rückblicke und Spiegelungen dokumentiert sind: die Zeit bis 1775 in «Dichtung und Wahrheit», der Aufenthalt in Italien in der «Italienischen Reise», das Alter chronikartig in den «Tag- und Jahresheften». Selbst in den Gesprächen mit Eckermann und anderen hat Goethe die verehrte Freundin, die unter dem Planetenzeichen der Sonne in seine Tagebücher eingegangen ist, nie erwähnt.

Natürlich hat auch hier wieder voyeuristische Neugier und der Horror vacui den Schleier zu lüften versucht, der über dem Verhältnis liegt, freilich ohne Erfolg.

In seinem subtilen Drama «Ein Gespräch im Hause Stein über den abwesenden Herrn von Goethe» läßt Peter Hacks die durch Goethes Abreise nach Italien gekränkte Frau von Stein ihrem Mann gestehen: «Goethe hatte seine Gelegenheit und – versagte», eine humorvolle und geistreiche literarische Variation auf ein leider stets wiederkehrendes biographisches Thema.

«Man sagt, daß ihr Umgang ganz rein und untadelhaft sein soll»[131],
schrieb Friedrich Schiller an seinen Freund Christian G. Körner am
12. August 1787 über das vielberedete und allgemein bekannte Verhältnis Goethes zu Frau von Stein. Wäre es anders gewesen, dem klatschsüchtigen Weimar wäre es nicht verborgen geblieben.

Noch im Alter, im Jahre 1820, hat Goethe seiner Freundin im Gedicht
das für eine Frau sicher nur bedingt schmeichelhafte Kompliment gemacht, sie sei für ihn ein Bildungserlebnis gewesen, vergleichbar dem
Einfluß der Dichtungen Shakespeares:

> Einer Einzigen angehören,
> Einen Einzigen verehren,
> Wie vereint es Herz und Sinn!
> Lida, Glück der nächsten Nähe,
> William, Stern der schönsten Höhe,
> Euch verdank' ich, was ich bin.
> Tag' und Jahre sind verschwunden,
> Und doch ruht auf jenen Stunden
> Meines Wertes Vollgewinn.

Christiane Vulpius
Das «kleine Naturwesen»

Die Schriftstellerin Christine Brückner läßt in einer ihrer fiktiven «ungehaltenen Reden ungehaltener Frauen» Christiane von Goethe im Vorzimmer der Frau von Stein ausrufen: «Bei Ihnen friert's mich, Madame! Vornehme Kühle und vornehme Blässe. Aber ich geh in die Sonne, weil ich's gern warm hab und bin braun wie die Frauen in Sizilien. Und wenn's regnet, wird's Haar kraus, ohne Brennschere, und geschnürt bin ich auch nicht, alles Natur, wie's der Meinige gern hat.»[132] Mehr als nur ein Körnchen Wahrheit steckt in diesen wenigen Worten, die den Gegensatz charakterisieren, der zwischen dem von Charlotte von Stein einerseits und Christiane Vulpius andererseits verkörperten Frauentypus bestand. Kühle Distanz hier, menschliche Wärme und Nähe dort, Goethe als «der Heilige» hier, Goethe als «der Meinige» dort.

Als Goethe aus Italien zurückkehrte, bereichert um eine sinnliche Liebeserfahrung, die ihm in der voritalienischen Epoche seines Lebens versagt geblieben war, konnte ihm eine Wiederaufnahme seiner einstigen Beziehung zu Frau von Stein nicht mehr genügen. Diese hatte freilich ihren Teil zur Entfremdung beigetragen, da sie Goethe ohne das mindeste Verständnis empfangen und damit erkaltend auf seinen glühenden Enthusiasmus gewirkt hatte. Aber auch ohne dies hätte der nachitalienische Goethe die Rolle des «Heiligen», des aus der Distanz Verehrenden und Verehrten, nicht fortsetzen können. Als er kurz nach seiner Rückkehr nach Weimar am 12. Juli der braungelockten dreiundzwanzigjährigen Christiane Vulpius begegnete – der anekdotischen Überlieferung zufolge soll diese Begegnung sich im Park an der Ilm abgespielt haben –, faßte er offenbar sofort eine Neigung zu dem unverbildeten Mädchen, das in der Bertuchschen Blumenfabrik in Weimar arbeitete und den einflußreichen Geheimrat aufgesucht hatte, um ihm ein Bittgesuch ihres von Arbeitslosigkeit bedrohten Bruders Christian August zu überreichen.

Es ist wahrscheinlich, daß Goethe noch in derselben Nacht Christiane zu seiner Geliebten machte, jedenfalls wurde von beiden der 12. Juli als Tag des Bündnisses feierlich begangen.

Christiane wurde wohl bald darauf von Goethe in sein Haus aufgenommen, führte ihm den Haushalt und lebte in einer eheähnlichen Lebensgemeinschaft an der Seite des Dichters.

Eine kurzfristige Affäre hätte in dem recht freizügigen Weimar wohl kaum einen Skandal hervorgerufen. Immerhin hatte auch der Herzog Carl August neben seiner legitimen Ehefrau Luise, bei der er wenig Befriedigung fand, diverse Liebesverhältnisse. Einer seiner Geliebten, der Schauspielerin Caroline Jagemann, verdanken wir eine Beschreibung der jungen Christiane Vulpius: «In meiner Kindheit wohnte sie neben uns und war ein sehr hübsches, freundliches, fleißiges Mädchen; aus ihrem apfelrunden, frischen Gesicht blickten ein paar brennend schwarze Augen, ihr etwas aufgeworfener kirschroter Mund zeigte, da sie gern lachte, eine Reihe schöner weißer Zähne, und dunkelbraune volle Locken fielen ihr um Stirn und Nacken.»[133]

Goethes Verhältnis zu Christiane Vulpius war jedoch keine kurzfristige Affäre, und eben dies wurde ihm im klatschsüchtigen Weimar übelgenommen.

In den achtzehn Jahren seiner ‹wilden Ehe› mit Christiane hielt er der liebenswerten «kleinen Freundin», seinem «kleinen Naturwesen», die Treue, und im Jahre 1806 machte er sie gar zu seiner legitimen Ehefrau und sicherte ihr damit nicht nur den Status der «Frau Geheimrat», sondern auch die (wenn auch äußerst widerwillig erfolgte) soziale Anerkennung durch die Weimarer Gesellschaft. «Ich denke, wenn Goethe ihr seinen Namen gibt, können wir ihr wohl eine Tasse Tee geben»[134], so lauten die berühmten Worte der Johanna Schopenhauer, die, selbst gerade erst zugereist in Weimar, als erste der vornehmen Weimarer Damen Christiane in ihr Haus einlud, schon einen Tag nach ihrer Hochzeit. Und selbst Frau von Stein, die freilich in ihrer gekränkten Eitelkeit über Goethes Verhältnis zu seiner *Hausmamsell*[135], seinem *Mamsellchen*[136], der *Jungfer Vulpius*[137] zeit ihres Lebens nicht hinwegkam, erklärte sich bereit, mit Christiane gesellschaftlich zu verkehren: *Angenehm ist es mir freilich nicht, in der Gesellschaft zu sein. Indessen, da er das Kreatürchen sehr liebt, kann ich's ihm wohl einmal zu Gefallen tun.*[138]

Die Standesschranken zwar vermochten Goethe und Christiane auch nach ihrer Eheschließung nicht ganz zu durchbrechen. Der Weimarer Herzog Carl August soll noch im Alter beklagt haben, daß «die Vulpius […] alles verdorben», den Dichter «der Gesellschaft entfremdet» habe[139], und Christiane ihrerseits, der an offizieller Anerkennung durch die Gesellschaft längst nicht so sehr gelegen war wie an ihrem privaten Glück mit dem Dichter, hielt sich bescheiden im Hintergrund, respektierte Goethes andere Welt und redete in Gegenwart Dritter den geliebten Mann nur selten anders als mit seinem Titel und «Sie» an. Böse Zungen freilich schlossen daraus, daß Christiane selbst auf dem gemeinsamen Lager Goethe als «Herr Geheimrat» tituliert habe, und sogar ein seriöser Goethe-Biograph wie Richard Friedenthal trug diese Nachrede

Christiane Vulpius auf dem Sofa eingeschlafen.
Bleistiftzeichnung von Goethe, 1788 oder 1789

weiter.[140] Dabei hätte er es besser wissen können. Im Jahre 1916 nämlich hatte Hans Gerhard Gräf erstmals den gesamten Briefwechsel Goethes mit seiner Frau ediert, einen jener seltenen Glücksfälle in Goethes Biographie, der uns erlaubt, in eine Liebesbeziehung Goethes auch aus der Sicht der liebenden Frau Einblick zu gewinnen. Diese Ausgabe führte zur dritten Phase einer Rehabilitation der viel verleumdeten Christiane Vulpius, deren erste durch die Edition der von Sympathie für Christiane geprägten Briefe der Frau Rat Goethe 1889 und deren zweite durch die Edition der Briefe Goethes an seine Frau 1892 bis 1902 (innerhalb der Weimarer «Sophienausgabe») eingeleitet worden war.

Daß noch vier Jahre nach Gräfs Edition der liebenswerten Briefe Christianes die gehässigste Attacke, die je gegen Goethes Frau geführt wurde, entstehen und (schlimmer noch) publiziert werden konnte, mutet kaum glaublich an. Im Jahre 1920 nämlich erschien Klara Hofers Studie mit dem irreführenden Titel «Goethes Ehe», die sich erst ab Seite 273 der Persönlichkeit Christianes, vielmehr ihrem Zerrbild, widmet und in den Worten kulminiert: «Der Gedanke, Christiane irgendwie als gleichberechtigte Ergänzung Goethes betrachten zu sollen, muß in übertragenem Sinne genau so grotesk erscheinen wie etwa die Zumutung, eine der farbigen Frauen der Kolonien für die würdige Genossin eines großen Kolonialmannes halten zu sollen.»[141]

Goethe selbst freilich erdreistete sich, anders zu denken. Sein Briefwechsel mit Christiane legt von der harmonischen Lebensgemeinschaft, die insgesamt achtundzwanzig glückliche Jahre währte, ebenso Zeugnis ab wie alle glaubwürdigen Berichte von Zeitgenossen. Insbesondere bewährte Christiane sich, als sie von Goethe nach Frankfurt am Main abgesandt wurde, um dort die Erbschaftsangelegenheiten seiner verstorbenen Mutter zu regeln: Sie verhielt sich, dem Zeugnis der Henriette Schlosser zufolge, «liberal und schön» bei der Teilung, «bei der sie sich doch gewiß verraten hätte, wenn Unreines in ihr wäre. Es freut uns alle, sie zu kennen, um über sie nach Verdienst zu urteilen und sie bei andern verteidigen zu können, da ihr unerhört viel Unrecht geschieht.»[142] Und Rudolphine von Both, die Frau eines mecklenburgischen Politikers, die 1820 die Familie von Goethes Freund Karl Ludwig von Knebel in Jena besucht hatte, erzählt, sie habe von Knebels gehört, daß Goethe, wenn er mit einer Idee stark beschäftigt gewesen sei, sich oft an Christiane gewandt habe, deren natürlicher Scharfblick ihm mehr als einmal eine große Hilfe bei der Lösung seines jeweiligen Problems gewesen sei.[143]

Ferner bestätigen alle, die je in Goethes Häuslichkeit eingekehrt waren, wie seine Hausfrau ihm und den Gästen das Leben behaglich zu machen verstand. Am 13. April 1800 berichtet der dem Kreise der Frühromantiker nahestehende August Ludwig Hülsen seinem Freund Friedrich Schleiermacher: «In Ihrem Urteil über Goethe muß ich noch bemerken, daß das Verhältnis zwischen ihm und seiner Geliebten doch vielleicht reiner ist. Die christliche Einsegnung ist freilich nicht erfolgt, aber diese Negation will für das schöne Verhältnis der Geschlechter auch wahrlich nichts sagen. Ich weiß, daß Goethes Genossin keineswegs eine Magd im Hause war. Ich selbst habe beide Hand in Hand und in traulichen Gesprächen öffentlich spazieren gehen sehen, und ein schöner muntrer Knabe geleitete sie. Auch habe ich die Frau selbst gesprochen, und könnte nicht sagen, daß es ihr an Bildung fehlte. Sie hat sehr viel Einnehmendes, und ich sehe besonders mit Wohlgefallen ihre Liebe zu dem trefflichen Knaben, der mich ganz bezaubert hat. Ferner weiß ich auch, daß sie sogar bei Staatsvisiten die Honneurs im Hause macht, welches

Christiane Vulpius (?). Kreidezeichnung von Friedrich Bury, 1800

mir unter anderm die Geheimderätin von Koppenfels in Weimar erzählt hat, die auch Besuche von ihr erhielt und sie erwiderte.»[144]

Auch der Engländer Henry Crabb Robinson bezeugt in seinen Lebenserinnerungen, was für eine angenehme Miene («an agreeable countenance») Christiane an den Tag gelegt habe, wie resolut und herzlich ihr Umgangston gewesen sei («a hearty cordial tone») und daß ihre Sitten nichts Steifes an sich gehabt hätten («her manners were unceremonious and free»).[145] Und Friedrich Ludwig Christian Oertel gibt das Christiane-Bild, das ihm vermittelt wurde, in seinen «Briefen eines ehrlichen Mannes» wie folgt wieder: «Goethe lebt nämlich mit einer Demoiselle Vulpius in engem Verhältnis. Sie ist ein kleines lebhaftes Mädchen, eben nicht schön, und auch nicht von ausgezeichnetem Verstande, aber voller Natürlichkeit, und durch Goethens Umgang soll sie gebildet und interessant geworden sein, so daß sie manche artige witzige Bemerkung macht.

Goethe führt mit ihr ein häusliches, ruhiges, vergnügliches Leben, sie wohnt in seinem Hause, und besorgt die Wirtschaft.»[146]

«Behaglichkeit», «Gemütlichkeit», dies sind überhaupt die Worte, die Goethes privates Glück jener Jahre und auch den Ton des Briefwechsels mit seiner Frau kennzeichnen, wobei die Sorge um kulinarisches Wohlergehen hierbei eine nicht unbeträchtliche Rolle spielte.

Immer wieder betont Goethe, wenn er auswärts weilt, wie sehr er sich nach seiner Frau und nach seinem Sohn August sehnt (vier weitere Kinder, die Christiane gebar, kamen entweder tot zur Welt oder starben kurz nach der Geburt): «Mein einziger Wunsch ist, Dich und den Kleinen wiederzusehen, man weiß gar nicht, was man hat, wenn man zusammen ist. Ich vermisse Dich sehr und liebe Dich von Herzen»[147] (August 1792). «Behalte mich ja lieb! Denn ich bin manchmal in Gedanken eifersüchtig und stelle mir vor: daß Dir ein anderer besser gefallen könnte, weil ich viele Männer hübscher und angenehmer finde als mich selbst. Das mußt

Christiane Vulpius mit ihrem und Goethes Sohn August. Aquarell von Johann Heinrich Meyer, 1792

Du aber nicht sehen, sondern Du mußt mich für den besten halten, weil ich Dich ganz entsetzlich lieb habe und mir außer Dir nichts gefällt»[148] (September 1792).

Oft weilt Goethe in den Jahren seiner Beziehung zu Christiane, meist wochen- oder sogar monatelang, in Jena, um sich dort ungestört und in strenger Klausur seinen literarischen Arbeiten widmen zu können. Auch von dort aus sendet er Christiane regelmäßige Zeichen seiner Liebe. «Es war mir neulich auch gar nicht recht, euch zu verlassen, wir waren, obgleich nicht gesprächig, doch gar wohlbehaglich beisammen»[149], versichert er Christiane im Februar 1797 aus Jena und kennzeichnet mit dieser Formulierung selbst seine häusliche Situation als eine behagliche.

Auch die intime Geheimsprache, die sich zwischen Goethe und Christiane entwickelt, ist liebenswert-vertraulich. So verzeiht man einander auch einmal kleine ‹Kurschatten›, denn sowohl Goethe, der sich zur Erholung in der Regel in Karlsbad aufhält, als auch Christiane, die wiederholt in ihr geliebtes Bad Lauchstädt reist, gestehen gern, daß sie kurzfristigen Flirts, den sogenannten Äugelchen, nicht abgeneigt seien. «Daß ich hier in Gesellschaft der alten Äugelchen ein stilles Leben führe, dagegen hast Du wohl nichts einzuwenden; auf alle Fälle wirst Du Dich zu entschädigen wissen, wovon ich mir getreue Nachricht ausbitte»[150], meldet Goethe im Juni 1808 aus Karlsbad. Und auch früher schon hat man einander solche Freiheiten gewährt, wobei der Wechsel von Toleranz und Eifersucht zu den Spielregeln gehört zu haben scheint. «Du mußt mich aber nur lieb behalten und nicht mit den Äugelchen zu verschwenderisch umgehen»[151], fordert Goethe im September 1792, und Christiane mahnt im Juni des folgenden Jahres: *Leb wohl und denke an Dein Christelchen, das Dich recht zärtlich liebt, und mache nicht so viel Äuglichen.*[152]

Doch alle kleinen Flirts können das Verhältnis nicht ernsthaft bedrohen. Im Juli 1795 gesteht Goethe aus Karlsbad: «Die Gesellschaft ist sehr zahlreich und angenehm, es gibt manchen Spaß und Äugelchen die Menge, wobei ich mich immer mehr überzeuge:

Von Osten nach Westen,
Zu Hause am besten.[153]

Und wenige Tage später die Nachbemerkung: «Ich lebe sehr zerstreut, den ganzen Tag unter Menschen, es werden viel Äugelchen gemacht, die Dir aber keinen Abbruch tun, denn man sieht erst recht, wie sehr man Ursache hat, seinen treuen Hausschatz zu lieben und zu bewahren.»[154]

Die körperliche Nähe ist es, wonach beide, Goethe und sein «Hausschatz», sich immer wieder sehnen, wenn sie voneinander getrennt sind. «Bettschatz» wird Christiane von Goethes Mutter, die zu der ihr wesensverwandten Schwiegertochter eine große Zuneigung verspürte, ganz ohne Abwertung genannt, und in einem Brief an den Sohn ruft Frau Aja, nachdem Christiane 1807 bei ihr zu Gast gewesen war, aus: «Du kannst Gott danken! So ein liebes – herrliches unverdorbenes Gottesgeschöpf findet man selten […].»[155] Auch diese sinnliche Sehnsucht der Liebenden hat im Briefwechsel ihr eigenes Vokabular. *Es ist sehr gut, daß Du mich nicht in Weimar gelassen*, berichtet Christiane, als ausnahmsweise sie einmal in Jena weilt, *ich sehe hier immer viel Neues, aber ich wünsche mir nur immer, daß ich das alles mit Dir sehen könnte, und wir könnten so ein paar Schlampamps-Stündchen halten, da wär ich recht glücklich.*[156] Wenige Monate später hofft sie: *Wenn Du nur wiederkömmest, wenn noch schöne Tage sind, daß wir noch mannichmal im Garten am Hause schlampampsen können, da freue ich mich darauf.*[157]

Oft klingt die erotische Geheimsprache auch eigenwillig. So wird während Christianes Schwangerschaften das Ungeborene als «Pfuiteufelchen» oder «Krabskrälligkeit» bezeichnet: «Du hast nun auch einen großen seidnen Shawl, mit dem Du die Pfuiteufelchen zudecken kannst»[158], damit begleitet Goethe eines seiner zahlreichen Geschenke, die er immer wieder an Christiane sendet. Christiane wiederum fragt an, wie sie das Kind (es wird, ebenso wie drei weitere Kinder, die Christiane austrug, nicht überleben) taufen solle: *Wenn aber die Post rübergeht oder den Mittwoch und wolltest so gut sein und mir nur schreiben, wie die Krabskrälligkeit heißen soll, denn einen Taufnamen muß es doch haben.*[159]

Und immer wieder betont sie in ihren Briefen ihre Sehnsucht nach dem Geliebten, insbesondere dann, wenn es ihr so recht *hasig* zumute ist: *Aus lauter Hasigkeit möchte ich, wenn es nur einigermaßen anginge, ein Wägelichen nehmen und mit dem Bübechen zu Dir fahren, damit ich nur recht vergnügt sein könnte*[160], schreibt sie von Weimar nach Jena, oder sie klagt: *Ganz zufrieden bin ich freilich nicht, daß Du, mein Lieber, nicht bei mir bist, ich will mich aber recht gut aufführen und nicht gramseln und mir nur immer denken, wie lieb Du mich hast und wie gut Du es mit mir meinst.*[161]

Freilich war die Einsamkeit für Christiane, obgleich zumeist tapfer überspielt oder zumindest in scheinbar humoristisch formulierte Klagen gefaßt, häufig nur schwer zu ertragen, insbesondere da die Weimarer Gesellschaft sie ächtete. Im Jahre 1797, als Goethe sich auf seiner dritten Schweizer Reise befand, macht sie ihrem Kummer ungewohnt *gramselig* (ein Lieblingswort Christianes, wenn sie ihre Einsamkeit beschreiben möchte) Luft:

Lieber, heute frühe war mein erster Gedanke, ich würde einen Brief von Dir bekommen, aber ich habe diesmal vergebens gehofft. Des Abends ist mein letzter Gedanke an Dich und des Morgens ist es wieder der erste. Es ist mir heute so zu Muthe, als könnte ich es nicht länger ohne dich aushalten. Es hat auch heute alles im Hause schon über meinen übelen Humor geklagt. Ich weiß gar nicht, was ich vor Freuden thun werde, wenn ich von Dir hören werde, daß Du wieder auf der Rückreise bist. Ohne Dich ist mir alle Freude nichts; ich habe, seit ich von Frankfurt weg bin, keine rechte vergnügte Stunde gehabt. Ich habe es Dir immer seither verschwiegen, aber länger will es nicht gehen. Ich habe mir auch alle mögliche Zerstreuung ge-

macht, aber es will nicht gehen; selbst das Schauspiel will nicht recht schmecken. Sei ja nicht böse auf mich, daß ich Dir so einen gramselichen Brief schreibe, er ist ganz aus dem Herzen raus.[162]

Immerhin weilte Goethe in den meisten Jahren seiner Lebensgemeinschaft mit Christiane monatelang fern von Weimar, nicht nur im nahegelegenen Jena, sondern auch in Venedig, in Frankreich, in der Schweiz oder in den böhmischen Bädern – bis zu sieben Monate im Jahr mußte Christiane allein in Weimar ausharren, Haus und Garten versorgen und versuchen, mit dem Wirtschaftsgeld hauszuhalten, worauf sie sich übrigens nicht immer verstand.

In einem seiner Sprüche bekennt Goethe:

Ich wünsche mir eine hübsche Frau,
Die nicht alles nähme gar zu genau,
Doch aber zugleich am besten verstände,
Wie ich mich selbst am besten befände.[163]

Diese Verse charakterisieren auch sein Verhältnis zu Christiane gar nicht unzutreffend, denn sie hat stets gewußt, wie ihr *allerbester, superber, geliebter Schatz*[164] sich am besten befände.

Habe mich nur lieb und denke an mich, ich habe Dich ja jeden Augenblick im Sinn und denke nur immer, wie ich im Haushalt alles in Ordnung bringen will, um Dir mit etwas Freude zu machen, weil Du mich so glücklich machst[165] (Juni 1793). *Diesen Monat geht auch das Einmachen an, überhaupt gibt es immer zu tun, wenn man eine Wirtschaft in Ordnung halten will, und wenn nur alles in seiner Ordnung geht, das macht mir Freude*[166] (August 1793).

Und immer wieder erfüllt sie die kulinarischen Wünsche ihres Geliebten, auch die extravagantesten.

Wiederholt bittet Goethe Christiane, ihm Schokolade oder Wein von Weimar nach Jena zu senden und beschwert sich eines Tages: «Gib etwa Überbringern mündlich Aufklärung, wie es mit meinem roten Wein aussieht, und ob Du Dich nicht etwa vergriffen hast. Denn der an mich geschickte, rotgesiegelte ist viel dunkler als der sonstige und will mir gar nicht behagen.»[167]

Als er im Herbst 1809 sich anschickt, von Jena nach Weimar zurückzureisen, schließt er seinen Brief an Christiane mit den Worten: «Zu meinem Empfang erbitte ich mir einen recht guten französischen Bouillon und wünsche, recht wohl zu leben.»[168] Und im folgenden Jahr, als Goethe wieder in Jena weilt, klagt er äußerst ungehalten:

«Unsere Geschäfte gehen hier sehr gut; nur bringt mich leider das Essen beinahe zur Verzweiflung. Ich übertreibe nicht, wenn ich sage, daß ich vier, fünf Tage bloß von Cervelatwurst, Brot und rotem Wein gelebt. Auch sehe ich unter den hiesigen Umständen gar keine Rettung und wäre, weil es mir zuletzt doch schädlich werden muß, schon wieder hinübergefahren, wenn es unser Geschäft nur einigermaßen zuließe. Ich bitte Dich also aufs allerinständigste, mir mit jedem Boten-Tage etwas Gutes, Gebratenes, einen Schöpsenbraten, einen Kapaun, ja einen Truthahn zu schicken, es mag kosten, was es will, damit wir nur zum Frühstück, zum Abendessen, und wenn es zu Mittag gar zu schlecht ist, irgend etwas haben, was sich nicht vom Schwein herschreibt. Ich mag Dir nicht sagen, wie verdrießlich und ärgerlich ich die Zeit her gewesen bin, wenn ich mit einem übertriebenen und ganz unschicklichen Aufwand entweder hungern oder etwas genießen mußte, was mir offenbar schädlich war.»[169]

Deutlicher als in Goethes Korrespondenz mit Christiane läßt sich kaum je belegen, daß Liebe (nicht nur, aber auch) durch den Magen geht.

Freilich konnten und wollten die Weimarer dieses private Glück Goethes nicht zur Kenntnis nehmen. Erst im Jahre 1806 wurde Christiane, wie gesagt auch jetzt noch zögernd, als Goethes Ehefrau akzeptiert. Daß Goethe sein «kleines Naturwesen» nach achtzehnjähriger Lebensgemeinschaft nun auch offiziell heiratete, dürfte verschiedene Gründe gehabt haben. Erstens verschaffte er seinem unehelich geborenen Sohn August damit endgültig den Status des legitimen Erben und seiner Frau den der legitimen und pensionsberechtigten Witwe (daß Goethe seine Frau um sechzehn Jahre überleben sollte, war wegen seiner häufigen und heftigen Krankheiten keineswegs abzusehen). Zweitens wollte er – dies der äußere Anlaß – seiner Frau in aller Öffentlichkeit für ihre Treue danken, die sie ihm in den schweren Tagen der Belagerung Weimars durch die Franzosen nach der Schlacht bei Jena und Auerstedt bewiesen hatte. «Dieser Tage und Nächte», so schreibt er am 17. Oktober 1806 an den Oberkonsistorialrat und Hofprediger Wilhelm Christian Günther, «ist ein alter Vorsatz bei mir zur Reife gekommen: ich will meine kleine Freundin, die so viel an mir getan und auch diese Stunden der Prüfung mit mir durchlebte, völlig und bürgerlich anerkennen als die Meine.»[170] Am 19. Oktober, noch während Weimar unter der Belagerung leidet, erfolgt die Trauung in der Sakristei der Weimarer Jakobskirche, und am folgenden Tag kann Goethe dem Bremer Arzt Nicolaus Meyer berichten: «Um diese traurigen Tage durch eine Festlichkeit zu erheitern, haben ich und meine kleine Hausfreundin gestern, also am 20. Sonntag nach Trinitatis, den Entschluß gefaßt, in den Stand der heiligen Ehe ganz förmlich einzutreten.»[171]

Die Weimarer freilich haben Goethe diesen ihrer Auffassung nach unpassenden Schritt, sein privates Glück ausgerechnet in jenen Tagen öffentlichen Unglücks zu besiegeln, übelgenommen, und da sie ihn selbst nicht anzugreifen wagten, suchten sie seine Frau zu treffen. Ausgerechnet die «Allgemeine Zeitung», die bei Goethes Verleger Cotta erschien, meldete die Hochzeit mit den taktlosen, ja niederträchtigen Worten:

«Goethe ließ sich unter dem Kanonendonner der Schlacht mit seiner vieljährigen Haushälterin Dlle. Vulpius trauen, und so zog sie allein einen Treffer, während viele tausend Nieten fielen.»[172]

Wie stets in solchen Situationen – Christiane hatte mehr als einmal unter übler Nachrede zu leiden –, verteidigte Goethe seine Frau. Als «sehr unschicklich und unanständig»[173] bezeichnete er den Stil der «Allgemeinen Zeitung» in seinem Beschwerdebrief an Cotta, und hatte in einer ersten, später allerdings verworfenen Fassung dieses Briefes noch schärfer protestiert: «Ich bin nicht vornehm genug, daß meine häuslichen Verhältnisse einen Zeitungsartikel verdienten; soll aber was davon erwähnt werden, so glaube ich, daß mein Vaterland mir schuldig ist, die Schritte, die ich tue, ernsthaft zu nehmen: denn ich habe ein ernstes Leben geführt und führ es noch.»[174]

Dieser Vorfall wirft ein bezeichnendes Licht auf die soziale Ächtung, die Christiane zu erdulden hatte. Nur selten beklagt sie sich darüber in ihren Briefen an Goethe, aber wenn sie es tut, dann ist ihr ein liebevoller Trost gewiß: «Daß sie in Weimar gegen Frau von Staël Übels von Dir gesprochen, mußt Du Dich nicht anfechten lassen», beruhigt er seine Freundin: «Das ist in der Welt nun einmal nicht anders, keiner gönnt dem andern seine Vorzüge, von welcher Art sie auch seien; und da er sie ihm nicht nehmen kann, so verkleinert er, oder leugnet sie, oder sagt gar das Gegenteil. Genieße also, was Dir das Glück gegönnt hat und was Du Dir erworben hast, und suche Dirs zu erhalten. Wir wollen in unserer Liebe verharren und uns immer knapper und besser einrichten, damit wir nach unserer Sinnesweise leben können, ohne uns um andre zu bekümmern.»[175]

Insgesamt freilich hat Christiane ihre Sorgen und Nöte für sich behalten oder doch zumindest heruntergespielt. Auch in Phasen der Kränklichkeit und der Depressionen beteuert sie ihrem Geliebten, daß es ihr gut gehe und daß sie gesund und fröhlich sei, deutet ihre Krankheiten allenfalls an, auch wenn ihre Tagebuch-Aufzeichnungen eine deutliche Sprache sprechen: *Nicht gar wohl; Magenkrämpfe; Mit Zahnschmerzen herumgequält; Über Tisch Anfall von Magenkrämpfen; Wegen unfreundlicher Witterung verdrüßlich*[176], so und ähnlich lauten solche Bemerkungen, die ein anderes Bild von Christiane vermitteln als das, das aus ihren lebenslustigen Briefen an Goethe spricht. In ihrer Korrespondenz mit dem Freund Nicolaus Meyer, jenem Bremer Arzt, dem Goethe als einem der ersten seine Hochzeit gemeldet hatte und der zu Christianes beständigsten «Äugelchen» gehörte, wird diese Seite Christianes noch deutlicher kenntlich, und somit bilden ihre Briefe an Meyer eine wesentliche Ergänzung und oft ein Korrektiv zu ihren Briefen an Goethe. Im Mai 1802 berichtet sie dem Bremer Freund von ihrer Kränklichkeit: *Ich kann mir jetzo recht gut vorstellen, wie Ihnen zu Mute war, als Sie krank waren: nun geht es mir ebenso, alles ist mir verhaßt, und doch fehlt mir eigentlich nichts, ich habe alles, was ich nur wünsche, es geht aber nichts auf dieser Welt über Gesundheit und frohen Mut […]. Wenn Sie schreiben, erwähnen Sie nichts von meiner Krankheit, denn ich weiß nicht, ob es recht sein könnte, daß ich davon geschrieben habe.*[177]

Diese wiederholte Rücksichtnahme auf Goethe, dem alles, was mit Krankheit und Tod zusammenhing, verhaßt war und Angst einflößte, wurde von diesem dankbar anerkannt: «Ich danke Dir, mein liebes Herz, daß Du mir von Deinem Übel nichts gesagt hast, bis es vorbei war, Du weißt, welchen herzlichen Anteil ich an Dir nehme.»[178]

Ebenso selten wie von ihren physischen sprach Christiane zu Goethe von ihren existentiellen Nöten. Die oft gefährlichen Krankheiten, an denen Goethe darniederlag, bereiteten ihr nicht nur Sorgen um den geliebten Mann, sondern auch furchtbare Angst vor einer ihr drohenden völligen Isolation im feindseligen Weimar. 1805 schüttete sie, wiederum ihrem Freund Meyer gegenüber, ihr Herz aus: *Der Geheime Rat hat nun seit einem Vierteljahr fast keine gesunde Stunde gehabt und immer Perioden, wo man denken mußte, er stirbt. Denken Sie also mich, ich, die außer Sie und dem Geheimen Rat keinen Freund auf der Welt habe […], wie uns zu Mute ist, ich bin wahrhaftig ganz auseinander […]. Und hier ist kein Freund, dem ich so alles, was mir am Herzen liegt, sagen könnte; ich könnte Freunde genug haben, aber ich kann mich an keinen Menschen wieder so anschließen und werde wohl so für mich allein meinen Weg wandeln müssen.*[179] Große Einsamkeit spricht aus diesen Zeilen, eine Einsamkeit, an der auch die endlich vollzogene Heirat nichts ändern konnte. Zwar glaubt Christiane, naiv und gutgläubig, wie sie ist, in Charlotte von Schiller und deren Kreis nun gute Freundinnen gefunden zu haben, ahnt aber nicht, wie hämisch die Bemerkungen über Goethes «dicke Hälfte» auch weiterhin lauten werden.

Freilich gab es auch gerechtere Beurteiler Christianes. Im April 1807 schreibt der jüngere Johann Heinrich Voß an den Philologen Bernhard Rudolf Abeken: «Lieber, die Vulpius ist nicht so schlimm, wie Du sie denken magst. Sie ist sinnlich, das heißt auf Vergnügungen ausgehend. Aber solange ich sie kenne, hat sie nichts getan, was auch bei dem strengsten Rigoristen ihr Renommee verdächtig machen könnte.»[180]

Daß Christiane von sinnlicher Natur war und Vergnügungen über alles liebte – das gerade war es, was Goethe an ihr anzog. Ihr vielgescholtener hoher Weinkonsum wurde sicherlich von demjenigen Goethes noch übertroffen; mehr noch aber als den Wein schätzte sie das Tanzen, ein Vergnügen, dem sie sich oft hemmungslos hingab, dabei einmal sogar ihre Schuhe durchtanzend.

Von ihrem Kuraufenthalt in Lauchstädt im Sommer 1803 berichtet sie: *Der Ball war so schön, als ich hier noch einen erlebt habe; es waren gewiß 100 Frauenzimmer und meistens lauter Fräulein und Comtessen, und ich habe alles getanzet, was getanzet worden. Ich weiß auch gar nicht, wie es*

Christiane
von Goethe.
Aquarellierte
Bleistiftzeichnung
mit Wasserfarben
von Johann Friedrich
August Tischbein,
um 1812

dies Jahr ist, das Tanzen wird mir so leicht, ich fliege nur so, und vergnügt bin ich immer sehr.[181] Ebenso gern fuhr sie, selbst die Zügel haltend und munter auf die Pferde einpeitschend, auf dem Schlitten durch Weimar oder begab sich aufs Eis, von Goethe gutmütig bestärkt und nur selten gebremst in solchen Vergnügungen, auch wenn diese nicht immer mit dem Verhaltenskodex der feinen Weimarer in Einklang zu bringen waren.

Anders (und vor allem weiser) als Theodor Storm, der seiner Braut Constanze Esmarch griesgrämig schrieb: «Wie ist es möglich, daß Du zugleich mich lieben und Dich über Ballkleider freuen kannst?»[182], versuchte Goethe nicht, an Christiane herumzuziehen und ihr Wesen zu ändern, im Gegenteil. Freunden gegenüber äußerte er einst: «Sollte man wohl glauben, daß diese Person schon zwanzig Jahre mit mir gelebt hat? Aber das gefällt mir eben an ihr, daß sie nichts von ihrem Wesen aufgibt, und bleibt, wie sie war.» Die Lyrik jener Zeit mit Christiane strahlt eben dieselbe Zufriedenheit aus wie der Briefwechsel. Sie ist geprägt von einem sinnlichen Behagen, von einem Verzicht auf Tragik und Spannung, der um so mehr auffällt, wenn man die Gedichte mit der tragikumwitterten Lili-Lyrik oder den so ganz vergeistigten Gedichten an Charlotte von Stein vergleicht.

Sinnlich sind die erotischen «Römischen Elegien», die nicht in Italien, sondern erst in Weimar in den Jahren 1788 bis 1790 entstanden und sicher auch die eine oder andere Anregung Goethes Verhältnis zu Christiane verdanken. Und zufriedenes Behagen strahlt das berühmte Gedicht «Gefunden» aus, das Goethe seiner Frau 1813, zum fünfundzwanzigsten Jahrestag ihres Kennenlernens, widmete:

Ich ging im Walde,
So für mich hin,
Und nichts zu suchen,
Das war mein Sinn.

Im Schatten sah ich
Ein Blümchen stehn,
Wie Sterne leuchtend,
Wie Äuglein schön.

Ich wollt' es brechen,
Da sagt' es fein:
Soll ich zum Welken
Gebrochen sein?

Ich grub's mit allen
Den Würzlein aus,
Zum Garten trug ich's
Am hübschen Haus.

Und pflanzt' es wieder
Am stillen Ort;
Nun zweigt es immer
Und blüht so fort.

Als Christiane drei Jahre später, am 6. Juni 1816, stirbt, ist Goethes Verlassenheit grenzenlos.

Auf ihrer schmucklosen Grabplatte auf dem Weimarer Jakobskirchhof konnte man bis vor kurzem kaum noch die verwitterten Buchstaben entziffern, die sich zu jenen berühmten Versen zusammenfügen, mit denen Goethe seine Einsamkeit zum Ausdruck brachte:

Du versuchst, o Sonne, vergebens,
Durch die düstren Wolken zu scheinen.
Der ganze Gewinn meines Lebens
Ist, ihren Verlust zu beweinen.

Sein Tagebuch verzeichnet am Todestag seiner Frau: «Nahes Ende meiner Frau. Letzter fürchterlicher Kampf ihrer Natur. Sie verschied gegen Mittag. Leere und Totenstille in und außer mir.»

Dem Freund Karl Friedrich Zelter teilt der Witwer mit: «Wenn ich Dir, derber, geprüfter Erdensohn, vermelde, daß meine liebe, kleine Frau uns in diesen Tagen verlassen; so weißt du, was es heißen will.»[183] Und an Sulpiz Boisserée schreibt er am 24. Juni: «Leugnen will ich Ihnen nicht, und warum sollte man großtun, daß mein Zustand an die Verzweiflung grenzt.»[184]

Die letzten Tage Christianes waren schrecklich. Johanna Schopenhauer berichtet ihrer Freundin Elisa von der Recke, daß selbst die Krankenpflegerinnen von Christianes Lager geflohen seien, da sie deren Schmerzensschreie nicht mehr ertragen konnten. So starb sie allein, nachdem sie sich vor Schmerz die Zunge durchgebissen hatte, denn auch Goethe war nicht in ihrem Sterbezimmer. Er lag selbst gefährlich krank darnieder, unfähig, den Todeskampf seiner Frau mitanzusehen, obwohl er wegen der schlechten Nachrichten von deren Gesundheitszustand eigens aus Jena herbeigeeilt war.

Die mitfühlende Antwort Elisas von der Recke auf den erschütternden Bericht der Johanna Schopenhauer gehört zu den schönsten Zeugnissen, die Christianes Charakter je ausgestellt wurden: «Wodurch die Verstorbene sich mir empfohlen hat, ist, daß ich sie nie von andern Böses sprechen hörte; auch war ihre Unterhaltung, so weit ich sie kannte, immer so, daß ich es mir es wohl erklären konnte, daß ihr anspruchsloser, heller, ganz natürlicher Verstand Interesse für unsern Goethe haben konnte, der mir seine Frau mit diesen Worten vorstellte: ‹Ich empfehle Ihnen meine Frau mit dem Zeugnisse, daß, seit sie ihren ersten Schritt in mein Haus tat, ich ihr nur Freuden zu danken habe.› Die Frau, welche von ihrem Gatten ein solches Zeugnis erhält, über deren Fehler werden alle diejenigen, welche den Gatten schätzen, einen Schleier zu werfen suchen.»[185]

Minchen Herzlieb
Goethes Jenenser «Äugelchen»

Daß Goethe zu Minchen Herzlieb ein leidenschaftliches, auf wechselseitiger Neigung beruhendes Verhältnis angeknüpft habe, gehört zu jenen unbewiesenen, ja haltlosen Anekdoten, an denen Goethes Biographie so reich ist.

Vor dem Hintergrund seiner Beziehung zu Christiane Vulpius, die 1806 seine legitime Ehefrau geworden war, scheint es nötig, Goethes ein Jahr später, im Winter 1807/08 entflammte und lyrisch verarbeitete Zuneigung zu Minchen Herzlieb in ihrer Bedeutung zu relativieren. Wir haben gesehen, daß Goethe häufig in Jena weilte, um sich dort – fernab vom Weimarer Trubel – ungestört seinen literarischen Projekten widmen zu können. Nach getaner Arbeit verkehrte Goethe abends oft und gern im geselligen Frommannschen Haus am Fürstengraben. «Ich habe dort schöne Abende verlebt», bekannte er im Alter gegenüber Eckermann, und in der Tat soll Goethe im Hause des Verlegers Friedrich Frommann stets in außergewöhnlich heiterer Laune gewesen sein. In einem Brief an ihre Freundin Pauline Gotter vom 6. Juni 1809 gibt die Malerin Luise Seidler einen launigen Stimmungsbericht eines solchen Abends: «Schon halb sechs kam Riemer, als Apostel den Herrn zu verkündigen, und dieser folgte auch nicht viel später mit Knebel. Im Anfang zwar Geheimrat, aber immer mehr auftauend als großer, einziger Goethe. Indem er mit Herrn Frommann den Saal abwanderte, sang Werner närrische Liedchen. Bald nachher kam der Geheimrat wieder ins Teezimmer, und da las Werner ein neues, komisches Geistesprodukt, eine Ballade vor, die besonders dem Geheimrat so wohl gefiel, daß er sich nicht nur vor Lachen darüber ausschüttete, sondern sie hernach über eine Stunde zu zergliedern würdigte, und noch das Einzelne besonders hervorzog und sehr lobte.»[186]

Friedrich Frommann, Verleger aus der Provinzstadt Züllichau und dort eng befreundet mit dem geistlichen Inspektor Christian Friedrich Karl Herzlieb, dessen Schriften er auch verlegte, hatte im Jahre 1798, als ihm die Enge seiner Heimatstadt nicht mehr genügte, eine neue Ansiedlung gesucht und in Jena gefunden, das damals gerade das Herz des geistigen Deutschland bildete, mehr noch vielleicht als Weimar. War Jena

Wilhelmine (Minchen) Herzlieb.
Ölgemälde von Luise Seidler, 1812

doch in eben jenen Jahren Ausgangsort und Mittelpunkt der Früh-
romantik, der Philosophen Fichte und Schelling, der Brüder Schlegel, der
Dichter Tieck und Novalis und vieler anderer. Frommanns Freund Herzlieb war schon 1794 gestorben und hatte seine Kinder als Waisen zurückgelassen. Eine seiner Töchter, Wilhelmine, genannt Minchen, wurde im

Jahre 1797 von Frommann und seiner aus Hamburg gebürtigen Ehefrau Johanna, geborene Wesselhöft, als Pflegetochter in die Familie aufgenommen. Als Frommanns bald darauf eigener Nachwuchs geboren wurde – im Jahre 1797 der Sohn Fritz, im Jahre 1801 die Tochter Alwine –, wuchsen alle drei Kinder in geschwisterlicher Harmonie heran.

Da Goethe von Anbeginn an, seit 1799, im Frommannschen Haus verkehrte, begegnete ihm das junge und offenbar schon als Kind bezaubernde Minchen bereits als zehnjähriges Mädchen, dessen musische Talente er gern förderte. Erst im Winter 1807/08, als Goethe sie als Achtzehnjährige wiedersah, scheint eine Neigung in dem Dichter aufgekeimt zu sein und ihn zu lyrischen Huldigungen hingerissen zu haben. In einem Brief an seine Frau Christiane, datiert freilich erst vom 6. November 1812, gesteht er: «Gestern abend habe ich auch Minchen wiedergesehn. Ich überließ es dem Zufall, wie ich mit ihr zusammenkommen sollte. Der hat sich auch recht artig erwiesen, und es war eben recht. Sie ist nun eben um ein paar Jahre älter. An Gestalt und Betragen usw. aber immer noch so hübsch und so artig, daß ich mir gar nicht übel nehme, sie einmal mehr als billig geliebt zu haben.» [187]

Trotz dieser Formulierung scheint, befragt man die Quellen aufmerksam, Goethes Neigung zu Minchen eher in die Kategorie der «Äugelchen» gehörig, darin vergleichbar anderen Jenenser Flirts wie denjenigen mit der Malerin Luise Seidler, mit deren Freundin Pauline Gotter, die nach dem Tod der Caroline Schlegel-Schelling Schellings zweite Frau wurde, oder – dies neben der Beziehung zu Minchen sicher das wichtigste Jenenser «Äugelchen» – mit seiner Beziehung zu der anmutigen Silvie von Ziegesar aus Drakendorf bei Jena.

Selbst Bettine Brentano – wir werden dies noch sehen – scheint in die Kategorie dieser Äugelchen zu gehören. In einem Brief an Goethe nämlich mahnt Christiane, halb Scherz, halb Ernst, aber vermutlich eher scherzhaft versuchend, Ernstes abzuwenden: *Ist denn die Bettine in Karlsbad angekommen und die Frau von Eybenberg? Und hier sagt man, die Silvie und Gottern gingen auch hin. Was willst Du denn mit allen Äuglichen anfangen? Das wird zu viel. Vergiß nur nicht ganz Dein ältstes, mich, ich bitte Dich, denke doch auch zuweilen an mich. Ich will indes fest auf Dich vertrauen, man mag sagen, was man will. Denn Du bist es doch allein, der meiner gedenkt.* [188]

Immerhin hat Minchen Herzlieb, mehr als die anderen Äugelchen der Zeit, Goethe zu literarischer Produktion angeregt. Nicht nur trägt die Ottilie der 1809 erschienenen «Wahlverwandtschaften» unverkennbar einige Züge Minchens, sondern auch siebzehn Sonette hat Goethe in jener Zeit verfaßt, darunter einige unzweifelhaft an Minchen gerichtet.

Freilich war diese Sonettenwut weniger Ausdruck seiner individuellen Leidenschaft für Minchen als vielmehr Teilnahme an einem literarischen Spiel, das der Dichter Zacharias Werner, auch er gern gesehener Gast im

Frommannschen Haus, mit seinen Sonetten an Minchen angeregt hatte. An dem «Sonettenkrieg», der bald ausbrach, beteiligten sich neben Goethe und Werner auch Goethes Sekretär Friedrich Wilhelm Riemer, der Übersetzer Johann Diederich Gries und andere. Nicht zuletzt Goethes berühmtestes Gedicht an Minchen, die «Scharade», deren Auflösung Minchens Geburtsnamen «Herzlieb» ergibt, wird vor diesem Hintergrund in seiner Bedeutung deutlich, denn auch Riemer und andere haben Gedichte auf das gleiche Thema verfaßt. Vergleicht man mit Goethes Gedicht das biedere Produkt Riemers, so kann man in Goethes kunstvollem Sonett sehr wohl die poetische Gestaltung des Themas bewundern, keineswegs aber eine besondere Leidenschaft des Dichters für Minchen in die Verse hineininterpretieren.

Goethe, Scharade

Zwei Worte sind es, kurz, bequem zu sagen,
Die wir so oft mit holder Freude nennen,
Doch keineswegs die Dinge deutlich kennen,
Wovon sie eigentlich den Stempel tragen.

Es tut gar wohl in jung- und alten Tagen,
Eins an dem andern kecklich zu verbrennen:
Und kann man sie vereint zusammen nennen,
So drückt man aus ein seliges Behagen.

Nun aber such' ich ihnen zu gefallen
Und bitte, mit sich selbst mich zu beglücken;
Ich hoffe still, doch hoff' ich's zu erlangen:

Als Namen der Geliebten sie zu lallen
In einem Bild sie beide zu erblicken,
In einem Wesen beide zu umfangen.

Riemer, Scharade

Ich kenn' ein holdes Kind in Jugendfülle
So frisch und rot wie eine Maienrose,
So nett und drall, wie Püppchen aus der Dose,
Und doch so mädchenhaft, so veilchenstille.

Und ganz das Innre stimmt zur schönen Hülle!
Mir wird so wohl, wie bald ich mit ihr kose;
Und ist ihr Mündchen auch ein wenig lose,
In ihrem Herzchen steckt der beste Wille.

Und wie ich hier sie eben euch beschrieben
Ist auch ihr Name ganz so hold und lieb.
Sein erstes wird an euch des zweiten Dieb?

Doch dieses treibt mit jenem keinen Scherz:
Denn sie ist ganz ein gar so liebes Herz
Und jeder muß sie gleich von Herzen lieben.

Ein anderes Gedicht, «Wachstum» betitelt, hat man ebenfalls auf Goethes Verhältnis zu Minchen bezogen und darin die verschiedenen Stadien seiner Neigung zu ihr dokumentiert gefunden – freilich oft unter Verkennung der Tatsache, daß das Sonett ebenso gut durch Goethes Jenenser Bekannte Silvie von Ziegesar inspiriert sein könnte.

Als kleines, art'ges Kind nach Feld und Auen
Sprangst du mit mir so manchen Frühlingsmorgen.
«Für solch ein Töchterchen mit holden Sorgen
Möcht' ich als Vater segnend Häuser bauen!»

Und als du anfingst in die Welt zu schauen,
War deine Freude häusliches Besorgen.
«Solch eine Schwester! und ich wär' geborgen:
Wie könnt' ich ihr, ach! wie sie mir vertrauen!»

Nun kann den schönen Wachstum nichts beschränken;
Ich fühl im Herzen heißes Liebetoben.
Umfass' ich sie, die Schmerzen zu beschwicht'gen?

Doch ach! nun muß ich dich als Fürstin denken:
Du stehst so schroff vor mir emporgehoben;
Ich beuge mich vor deinem Blick, dem flücht'gen.

Wer auch immer vor Goethes geistigem Auge stand, als er jene Verse abfaßte: unweigerlich fühlt man sich an seinen Brief an Johann Caspar Lavater erinnert, in dem er über sein Verhältnis zu Charlotte von Stein gesagt hatte, sie habe seine Mutter, Schwester und Geliebten nach und nach geerbt. Nur ist jetzt für den alternden Goethe (seine Mutter stirbt 1808) aus der Mutterrolle der angebeteten Freundin die der Tochter geworden: vom «Töchterchen» wird sie zur «Schwester», bevor er zwar «heißes Liebetoben» empfindet, aber schließlich doch entsagt und sich die Geliebte lieber als unnahbare «Fürstin» denkt. Wir scheinen hier ein kurzfristiges Wiedererwachen der alten Liebestypik Goethes zu erleben: Schwesterersatz, heftige Leidenschaft und schließlich Flucht und Entsagen, all dies freilich gemäßigt durch das Alter und nicht zuletzt

Silvie Freiin von Ziegesar.
Pastell von Luise Seidler, 1812

durch die Sicherheit, die die feste Bindung an Christiane Goethe gewährte.

Beide, Silvie von Ziegesar und Minchen Herzlieb, trugen – wir wissen dies wiederum von Luise Seidler – mit Vorliebe weiße Kleider, so wie Goethes Schwester Cornelia oder seine verehrte Freundin Charlotte von Stein, und Minchen scheint darüber hinaus auch weitere Züge, insbesondere den einer gewissen Unnahbarkeit, mit diesen geteilt zu haben.

Luise Seidler verdanken wir auch die ausführlichste Charakteristik Minchens: «Minna war die lieblichste aller jungfräulichen Rosen, mit kindlichen Zügen, mit großen dunkeln Augen, die – mehr sanft und freundlich als feurig – jeden herzig unschuldsvoll anblickten und bezaubern mußten. Die Flechten glänzend rabenschwarz, das anmutige Gesicht vom warmen Hauche eines frischen Colorits belebt, die Gestalt schlank und biegsam, vom schönsten Ebenmaß, edel und graziös in allen ihren Bewegungen: so steht Minna Herzlieb noch heute vor meinem Gedächtnis. Ihr Anzug war stets einfach, aber geschmackvoll; sie liebte schlichte weiße Kleider; in einem solchen habe ich sie lebensgroß in Öl gemalt. Gewöhnlich trug sie auch beim Ausgehen keinen Hut, sondern nur ein kleines Knüpftüchelchen, unter dem Kinn zusammengebunden.» [189]

Äußere Anmut, schlichte weiße Kleidung, all dies machte Minchen attraktiv, das jedoch trotz aller scheinbaren Munterkeit von verschlossenem Wesen war: «Es konnte nicht fehlen, daß die herrlich zur Jungfrau gereifte Minna im Frommannschen Kreise bald der Gegenstand vielfacher Huldigungen war. Bei aller Aufmerksamkeit jedoch, welche man ihr bewies, blieb ihr Auftreten anspruchslos, bescheiden, natürlich, heiter, oft neckisch. Alles Hervortreten war ihr zuwider; sie war eine innerliche Natur, und stets blieb ihr Augenmerk darauf gerichtet, wie sie sich durch Schönes und Edles, das in ihren Gesichtskreis trat, weiter fortbilden könnte. Bei aller Unbefangenheit indessen, mit der sie sich andern mitteilte, verschloß sie dennoch ihr tiefstes Inneres; ganz in dasselbe einzublicken mochte kaum irgendjemand gelingen.»[190]

Gerade diese Goethe so vertraute weibliche Eigenschaft spröder Unnahbarkeit mag es gewesen sein, die ihn anzog. Daß Minchen, die zu dem berühmten Dichter ehrfürchtig aufblickte, seine Neigung leidenschaftlich erwiderte, wie ihr erster Biograph August Hesse, dabei die wenigen authentischen Zeugnisse und Selbstzeugnisse romanhaft ausschmückend und phantasievoll interpretierend, behauptete, darf als völlig unwahrscheinlich gelten. Eines dieser raren und dadurch um so wertvolleren Zeugnisse Minchens liegt uns in einem Brief vor, den sie im Februar 1808 an ihre intimste Freundin Christiane Selig richtet und in dem sie ihr Verhältnis zu Goethe charakterisiert: *Er war immer so heiter und gesellig, daß es einem unbeschreiblich wohl und doch auch weh in seiner Gegenwart wurde. Ich kann dir versichern, liebe, beste Christiane, daß ich manchen Abend, wenn ich in meine Stube kam und alles still um mich herum war und ich überdachte, was für goldne Worte ich den Abend wieder aus seinem Munde gehört hatte, und dachte, was der Mensch doch aus sich machen kann, – ich ganz in Tränen zerfloß und mich nur damit beruhigen konnte, daß die Menschen nicht alle zu einer Stufe geboren sind, sondern ein jeder da, wo ihn das Schicksal hingeführt hat, wirken und handeln muß, wie es in seinen Kräften steht, und damit Punktum!*[191]

Und die Zeitgenossin Luise Seidler, von der man annehmen darf, daß sie es besser wußte als spätere Biographen, bestätigt den Eindruck, Minchen habe zu Goethe zwar ehrfurchtsvoll aufgeblickt, aber keine leidenschaftliche Liebe zu ihm verspürt: «Für Goethe, den älteren Mann, den berühmten Dichter, der sie der freundlichsten und zartesten Aufmerksamkeiten widmete, empfand sie eine tiefe Verehrung, allein daß diese sich zur Leidenschaft gesteigert habe, wie einige nach dem Erscheinen der ‹Sonette›, namentlich der vielberufenen ‹Charade› mutmaßen wollten, wurde von allen, welche Minchen näher kannten, entschieden in Abrede gestellt. Sie nannte Goethe ihr ganzes Leben lang nur ‹den lieben, alten Herrn›.»[192]

Der weitere Lebensweg Minchens – ihre Bekanntschaft mit Goethe und seine Liebe zu ihr blieben Episoden – verlief traurig. Als eine tragische Vorausdeutung auf ihre spätere geistige Umnachtung erscheint ihre ausführliche Selbstcharakteristik, die ihr Brief vom Februar 1808 an Christiane Selig enthält: *[…] ich glaube, wenn ich mich ganz gehen ließ, ich lebte nicht mehr, denn die Gefühle sind bei mir so unendlich stark und der Verstand so schwach, daß ich rechte Mühe habe, daß das Starke das Schwache nicht ganz verdrängt; da doch eins ohne das andre nicht gut bestehen kann. Denn ein bloßer Verstandesmensch ist gewiß nichts Wünschenswertes, und einer, der nur in seinen Gefühlen lebt, ist gewiß recht unglücklich, denn in was könnt' er wohl ganz Befriedigung finden? Könnt' ich nur so unschuldig und froh wie Du, geliebte Christiane, in die Welt hinein leben,*

und dabei doch so gut und besonnen handeln. Aber ich bin zu leiden-
schaftlich, wüßt' ich nur ein Mittel.[193]

Im Mai 1808 verließ Minchen Jena und kehrte vorübergehend nach Züllichau zu ihren Verwandten zurück, und als sie im Oktober 1812, nach gut
vier Jahren, die in rätselvolles Dunkel gehüllt sind, wieder ins Frommannsche Haus einzog, waren Dinge vorgefallen, die sich schon der
Kenntnis ihrer nächsten Freunde entzogen. Offenbar hatte Minchen eine
leidenschaftliche Neigung zu einem jungen Mann namens Hans Christian
Friedrich von Schweinitz gefaßt, ohne daß die Hoffnungen, die sie in diese
Beziehung gesetzt hatte, erfüllt wurden. Übereilt scheint sie sich sodann
mit einem Berliner Professor verlobt zu haben, ohne diesen wirklich zu
lieben.

Zwar stellte sich der Bräutigam Weihnachten 1812 im Frommannschen
Haus der Familie vor und stieß dort auch auf wohlwollende Aufnahme,
dennoch wies Minchen ihn (aufgrund einer ihr angeborenen «Ehe-
scheu»[194], die einer ihrer Neffen in ihr vermutete?) zurück und löste im
darauffolgenden Jahr die Verlobung.

Ihre Selbstzeugnisse dieser Zeit verraten, daß sie offensichtlich, ähnlich wie Goethes Schwester Cornelia oder später Ulrike von Levetzow,
den Wert des Familienlebens, der Seelenfreundschaft höher veran-
schlagte als den Wert des Ehelebens, daß die pietistisch beeinflußte
Mädchenerziehung der Zeit in ihr in der Tat eine gewisse Furcht vor der
sexuellen Bindung und statt dessen eine heute geradezu unnatürlich und
unselbständig anmutende Anhänglichkeit an die Pflegefamilie Frommann und an die vertraute Umgebung geweckt hatte. Als Minchen 1812
von Züllichau nach Jena zurückgekehrt ist, berichtet sie dem Pflegevater,
der gerade auf der Leipziger Messe weilt, von ihrer Erleichterung, wieder
bei den Eltern zu sein:

Es ist mir unmöglich, ernsthaft an etwas zu denken, was außer diesem
Kreise liegt. Ich bin unbeschreiblich glücklich. Wie wohl ist mir bei der
Mutter, bei meiner geliebten Schwester Alwine, wie fühl ich von neuem, wie
ich euch allen ans Herz gewachsen bin; wie habe ich es nur aushalten kön-
nen, so lange in der Fremde herum zu irren; Gottlob, daß ich hier bin. Bald
schreibe ich Dir mehr. Lebe wohl, liebster Vater, und komm bald und sieh,
wie glücklich jetzt Deine Dich innig liebende Minna ist.[195]

Dem Bruder Fritz schildert sie (fünf Jahre später!) das Weihnachtsfest
1817 mit den Worten: *Wir waren recht im Stillen glücklich, und ich kann*
nicht sagen, mit welcher innigen Rührung ich besonders unsre liebe Mutter
vor mir sah, in deren ruhigem frohen Gesicht sich jedes schöne Gefühl ih-
res glücklichen Herzens malte, als der Vater in der andern Ecke des Sofas,
seinen neuen Leuchter auf meinem kleinen Tisch, Deine Briefe und Auf-
sätze vorlas. Ich fühlte, mit unbeschreiblicher Gewalt, das Glück einer Fa-
milie, die sich ganz versteht. Alwine und ich saßen vor ihnen mit recht
vollem Herzen; nur zuweilen ein Blick und wir verstanden uns[196] – Worte,

Wilhelmine Herzlieb, verh. Walch.
Holzstich von A. und Th. Wegener nach einer Miniatur
von Johanna Charlotte Frommann, 1814

die ebenfalls eine unnatürliche Entrücktheit der achtundzwanzigjährigen Minna Herzlieb verraten. Daß Minchen Herzlieb sich dennoch im Jahre 1821 mit dem Oberappellationsgerichtsrat und Professor Karl Wilhelm Walch verheiratete, stürzte sie in die Katastrophe – ähnlich war es fast ein halbes Jahrhundert zuvor Goethes Schwester Cornelia nach ihrer unlustig eingegangenen Ehe mit Johann Georg Schlosser ergangen. Immer wieder entzog Minchen sich dem ungeliebten Ehemann, versank zunehmend in geistige Umnachtung und starb 1865 in der psychiatrischen Heilanstalt in Görlitz.

Bettine von Arnim
«Ein grillenhaftes unbehandelbares Geschöpf»

Von all den hier vorgestellten Frauen ist Bettine von Arnim, geborene Brentano, die einzige, der ganz unabhängig von ihrer Beziehung zu Goethe biographische Studien gewidmet wurden, allein aufgrund ihrer menschlichen und schriftstellerischen Leistungen. Daß ihr Lebensweg so gut erforscht und vielfach dargestellt wurde, rechtfertigt es auch, hier einzig und allein ihr Goethe-Erlebnis zu untersuchen, das man nicht anders denn als Goethe-Kult bezeichnen kann: häufig überspannt, stets exzentrisch, bis ins Alter Bettines wie die Liebe eines Backfisches anmutend. Als 1835, drei Jahre nach Goethes Tod, Bettines schwärmerisches Buch «Goethes Briefwechsel mit einem Kinde» erschien, war die Anbeterin, die sich gern als Goethes «Psyche» bezeichnete oder sich zu seiner Mignon stilisierte, immerhin bereits fünfzig Jahre alt.

Früh schon hatte sie, insbesondere auf Anraten ihres Bruders Clemens, ein intensives Studium der Werke Goethes in Angriff genommen und sich nach ihrer ersten Lektüre des Romans «Wilhelm Meisters Lehrjahre» mit der Gestalt Mignons identifiziert. Eine frühe Beschreibung ihrer Goethe-Schwärmerei liegt uns in dem Zeugnis des Engländers Henry Crabb Robinson vor, der 1801, als Bettine ein sechzehnjähriges Mädchen war, in Frankfurt weilte, und dessen angelsächsische Gelassenheit ganz offensichtlich mit Bettines südländischem Temperament kollidierte: «Als ich das erste Mal nach Frankfurt kam, war sie ein kurzes untersetztes wildes Mädchen, die jüngste und am wenigsten angenehme Enkelin der Frau von LaRoche. Sie wurde stets als ein grillenhaftes unbehandelbares Geschöpf angesehen. Ich erinnere mich, daß sie auf Apfelbäumen herumkletterte und eine gewaltige Schwätzerin war; desgleichen auch, daß sie in überschwenglichen Ausdrücken ihre Bewunderung der Mignon in ‹Wilhelm Meister› aussprach. Indem sie ihre Hände gegen ihre Brust drückte, sagte sie: ‹So liege ich immer zu Bett, um Mignon nachzuahmen.›»[197]

Es liegt auf der Hand, daß es die solchermaßen eingestimmte junge Bettine in höchste Aufregung versetzte, als sie eines Tages auf dem Dachboden ihrer Großmutter Sophie von LaRoche herumstöberte und dort Briefe Goethes fand, die von seiner großen Zuneigung, ja Liebe zu

Bettines Mutter Maximiliane von LaRoche Zeugnis ablegen. Im Januar 1774 hatte diese sich mit dem italienischen Kaufmann Peter Anton (eigentlich Pietro Antoni) Brentano verheiratet, der die Liebe Goethes zu seiner Frau bald äußerst ungern sah und dem Dichter schließlich den Zutritt zu seinem Haus verwehrte.

Der Fund dieser Briefe ließ den Wunsch Bettines, des Dichters angesichtig zu werden, zu einer wahren Obsession werden. Im Juli 1806 suchte sie in Frankfurt Goethes Mutter auf und ließ sich von ihr Geschichten und Anekdoten aus Goethes Jugendzeit erzählen, und im Oktober berichtet ihr Bruder Clemens Brentano seinem Freund und nachmaligen Schwager Achim von Arnim: «Bettine ist jetzt täglich ein paar Stunden bei der alten Goethe und läßt sich Anekdoten von dem geliebten Sohne erzählen, die sie für sich ganz mit den Worten der Mutter in ein Buch schreibt, um eine geheime Biographie dieses Göttlichen zu bilden. Was ich bereits von diesen Geschichten gehört, ist trefflich.» [198] Mit ihrem lebhaften, feurigen Temperament ist die junge Bettine der alten Frau Rat auf Anhieb sympathisch, die ja nichts lieber tut als von ihrem geliebten «Hätschelhans» zu berichten und die damit dem Wunsch der ambitionierten Verehrerin entgegenkommt. Daß Jahre später Goethe seine «Psyche» um Mithilfe bei der Abfassung von «Dichtung und Wahrheit» bitten wird und ihre Gesprächsprotokolle somit zum Teil sogar wörtlich in Goethes Autobiographie Eingang finden werden, kann Bettine freilich noch nicht ahnen.

So turbulent wie Bettines Beziehung zu Goethe von Anbeginn an gewesen war, sollte sie sich auch weiterentwickeln. Im April 1807 reist sie nach Weimar und verbringt dort einige Stunden mit Goethe, freilich erst nach massiven Drohungen, sie werde sich ihren Weg nach Weimar notfalls auch mit unehrenhaften Mitteln bahnen, wenn man ihr die freiwillige Einwilligung versage. Ihr ältester Bruder Franz, Vormund der früh verwaisten Bettine, hatte der Reise nur äußerst zögernd zugestimmt und der Schwester noch am 1. April verdrießlich geschrieben: «Du weißt, wie ich das Herumschwärmen von Mädchen in der Welt hasse, welches in den Augen aller vernünftigen Menschen für unanständig gehalten wird.» [199] Als Bettines Wunsch sich dann endlich erfüllt hat, schreibt die Frau Rat ihrer Schwiegertochter Christiane spürbar erleichtert: «Da hat denn doch die kleine Brentano ihren Willen gehabt und Goethe gesehen – ich glaube im gegensetzten Fall wäre sie toll geworden – denn so was ist mir noch nicht vorgekommen – sie wollte als Knabe sich verkleiden, zu Fuß nach Weimar laufen – vorigen Winter hatte ich oft eine rechte Angst über das Mädchen – dem Himmel sei Dank, daß sie endlich auf eine musterhafte Art ihren Willen gehabt hat.» [200]

Wie sehr sich die hier ganz überlegene und mütterlich besorgte Frau Rat aber auch auf den Ton ihrer überspannten jungen Freundin einstellen konnte, zeigt ihr innig warmer Brief an Bettine vom 13. Juni 1807, der

Bettine Brentano.
Jugendbildnis. Litho-
graphie von A. Off

Zeugnis davon ablegt, daß in dem großen Herzen von Goethes Mutter Platz genug war für die kleinen Extravaganzen ihrer Mitmenschen: «Liebe – liebe Tochter! Nenne mich ins künftige mit dem mir so teuren Namen Mutter – und du verdienst ihn so sehr, so ganz und gar – mein Sohn sei dein inniggeliebter Bruder – dein Freund – der dich gewiß liebt und stolz auf deine Freundschaft ist. Meine Schwiegertochter hat mir geschrieben, wie sehr du ihm gefallen hast – und daß du meine liebe Bettine bist, mußt du längst überzeugt sein.»[201]

Mit solchen Worten wiegelte Goethes Mutter die Neigung Bettines natürlich nicht ab, sondern auf. Schon im November 1807 weilte diese wiederum in Weimar, diesmal sogar zehn Tage lang, während derer fast ihr ganzer Familienkreis sich an Goethes Tafel traf: Bettine selbst, ihre

Schwestern Gunda und Meline, der Bruder Clemens, der Schwager Friedrich Carl von Savigny und der spätere Ehemann Achim von Arnim. Auch Bettines Briefwechsel mit Goethe hatte inzwischen eingesetzt, und zu reizvollen Spiegelungen und Verwirrspielen kam es dadurch, daß Goethe kurz nach Bettines Novemberbesuch in Weimar nach Jena abreiste und dort im Winter 1807/08 Minchen Herzlieb in Sonetten besang – und dabei wörtliche Zitate aus Bettines Briefen an ihn verwendete!

Für die heutigen Leser, die wissen, daß Goethes Sonett «Scharade» ganz eindeutig auf Minchen bezogen ist, da die Auflösung des Rätsels deren Geburtsnamen «Herzlieb» ergibt, hat es etwas Rührendes, wenn Bettine in «Goethes Briefwechsel mit einem Kinde» sich selbst und Goethe aufgeregt fragt: *Was hoffst Du? – sag mirs, und wie soll die Geliebte Dir heißen? welche Bedeutung hat der Name, daß Du mit Entzücken ihn nur zu lallen vermagst? –*

In einem Bild sie beide zu erblicken,
In einem Wesen beide zu umfangen.

Wer sind die beide? wer ist mein Nebenbuhler? in welchem Bild soll ich mich spiegeln? – und mit wem soll ich in deinen Armen verschmelzen? – ach wie viele Rätsel in einem verborgen, wie brennt mir der Kopf! – Nein, ich kann es nicht raten; es will nicht gelingen, mich von deinem Herzen loszureißen und zu spekulieren [...]. Aber deinen Zweck hast du erlangt, daß ich mich zufrieden raten solle, ich errate daraus meine Rechte, meine Anerkenntnis, meinen Lohn und die Bekräftigung unsers Bundes, und werde jeden Tag deine Liebe neu erraten, verbrenne mich immer, wenn Du mich zugleich umfangen und spiegeln willst in deinem Geist, und vereint mit mir gern genannt sein willst.[202]

Bettine hat Goethes «Scharade» tatsächlich auf sich bezogen, denn auch in einem originalen Brief an ihren Bruder Clemens schreibt sie noch am 4. Juli 1834: *Goethe hat eine Charade auf mich gemacht [...].*[203] In diesem Brief an Clemens vermutet Bettine die Auflösung «Abendlicht» für die Scharade, ein weiterer Beweis dafür, daß das literarische Spiel um den Namen Herzlieb ihrer Kenntnis verborgen blieb. In anderen Fällen freilich ist schwerer zu entscheiden, ob Bettine an die von ihr aufgebauten Fiktionen selbst glaubte, denn bei ihrem Buch «Goethes Briefwechsel mit einem Kinde» handelt es sich um ein merkwürdiges Gebilde. Eingegangen in dieses Werk sind zahlreiche eigene Originalbriefe sowie authentische Briefe Goethes, seiner Frau Christiane sowie seiner Mutter, der Frau Rat (freilich zum Teil mit signifikanten Abwandlungen), hinzugefügt aber wurde eine große Menge fiktiven Materials, das einzig und allein Bettines schriftstellerischer Phantasie entsprang. «Goethes Briefwechsel mit einem Kinde» ist somit trotz der Verwendung authentischer Briefe keine autobiographische Quelle, sondern weit mehr ein literarisches Werk, eine stilisierende Überhöhung des Dichtergenies Goethe und damit ein frühes Dokument der verklärenden Goethe-Rezeption. Für

Bettine Brentano.
Medaillonbild
von Achim von
Bärwald, 1809

eine historische Analyse des Verhältnisses Bettines zu Goethe ist es daher unerläßlich, den Originalbriefwechsel zugrunde zu legen und allenfalls die Abweichungen zu konstatieren. Besonders augenfällig sind diese immer dann, wenn Goethes Frau Christiane ins Bild kommt. Bettine, der laut eigenem Bekunden alles lieb war, was mit Goethe zusammenhing, hatte in ihrer Korrespondenz stets auch Christiane mitbedacht. Sie hatte ihr Geschenke zugesandt, darunter auch selbstgefertigte Kleider, und sie hatte nie versäumt, die Hausfrau grüßen zu lassen: *Die Frau grüße, wenn ich bitten darf, und dem Sohn sage, daß er mich verehren soll, weil ich ihm gut bin*[204] (6.10.1807). *Deiner guten Frau, die für Dich sorgt, Grüße! recht herzliche! sag, daß ich nicht vergessen hab', was ich ihr in einer Gesellschaft bei Schopenhauer versprach, nämlich ihr ein Kleid zu sticken, daß ich schon die Hälfte beinah fertig hab'*[205] (23.2.1808). *Die Frau grüß und küsse ich von Herzen, sie soll meiner nicht vergessen.*[206] (6.8.1809). *Grüß die Frau nur recht herzlich von mir. – Es ist ihr doch niemand so von Herzen gut wie ich; sie soll mir's auch sein*[207] (um Weihnachten 1810).

Bettine und Christiane wechselten auch selbst Briefe, insbesondere dann, wenn es galt, ein Geschenk zu begleiten oder für ein solches Dank zu sagen. So bittet Bettine im Januar 1809: *Meine Schwachheit, Ihnen Freude machen zu wollen, behandeln Sie wie immer mit gütiger Nachsicht.*[208] Und Christiane antwortet in ganz ebenbürtig-selbstbewußtem Ton: *Meine liebe Freundin, empfangen Sie meinen Dank für die schönen Geschenke, welche ich von Ihnen erhalten habe, es hat mich außerordentlich gefreut, weil ich daraus ersah, daß Sie wirklich noch meiner gedenken.*[209]

Freilich empfindet sie mit dem ihr eigenen Gespür auch, daß Bettine in ihr die (glücklichere) Nebenbuhlerin sieht, und wie ein kleines Auftrumpfen von Zeit zu Zeit mutet es an, wenn sie an ihren Status, Goethes Ehefrau zu sein, immer wieder ganz deutlich erinnert und damit Bettines Annäherungsversuche gleichsam in Schranken zu halten sucht: *Sie machen mir Hoffnung, uns zu besuchen, der Geheime Rat und ich sehen diesen schönen Tagen mit Freude entgegen*[210], schreibt sie Bettine im selben Brief.

Das Verhältnis sollte jedoch bald einen irreparablen Schaden nehmen. Im Jahre 1811 hatte Bettine sich mit Achim von Arnim verheiratet und weilte in den Monaten August und September in Weimar, fast täglich zu Gast an Goethes Tafel. Am 13. September aber, als sie gemeinsam mit Christiane eine Gemäldeausstellung besuchte, kam es zu einem Streit, der die Dimension eines Weimarer Skandals annahm. Ob Bettine in der Tat abfällige Bemerkungen über die Exponate gemacht hat, die von Goethes Freund Johann Heinrich Meyer, seines Dialekts wegen als «Kunschtmeyer» bezeichnet, stammten, wissen wir nicht mit Sicherheit, auch nicht, ob Christiane in ihrer heftigen Verteidigung des Hausfreundes tatsächlich Bettine die Brille von der Nase gerissen und zertrümmert hat. Wir wissen auch nicht, ob an der Weimarer Klatschbörse mit Recht spekuliert wurde, daß Christiane von Bettine in aller Öffentlichkeit als «wahnsinnige Blutwurst» tituliert wurde.[211] Es steht aber fest, daß Goethe den Arnims fortan sein Haus verbot, bis über den Tod seiner Frau hinaus. Als er im Jahre 1812 gleichzeitig mit Arnims im böhmischen Bad Teplitz weilt, beruhigt er seine Frau: «Von Arnims nehme ich nicht die mindeste Notiz, ich bin sehr froh, daß ich die Tollhäusler los bin.»[212] Und wie eine postume Rache an Christiane mutet es an, wenn Bettine in «Goethes Briefwechsel mit einem Kinde» Christianes bereits zitierten Dankesbrief von 1809 wie folgt umformuliert: *Verehrte Freundin, empfangen Sie meinen Dank für die schönen Geschenke, welche ich von Ihnen erhalten habe, es hat mich außerordentlich gefreut, weil ich daraus ersah, daß Sie mir Ihr Wohlwollen fortdauernd erhalten, um das ich noch nicht Gelegenheit hatte, mich verdient zu machen*[213], kleine, aber subtile Änderungen, mit denen Bettine versucht, zumindest ihre intellektuelle Überlegenheit herauszukehren, wenn es ihr schon nicht gelang, Christiane bei Goethe von ihrem angestammten Platz zu vertreiben. Denn wenn Chri-

Achim von Arnim.
Federzeichnung von
Clemens Brentano,
um 1810

stiane als Goethes Ehefrau bisweilen ängstlich anfragt, ob er es mit seinen Äugelchen nicht ein wenig übertreibe, so ist dies etwas ganz anderes, als wenn Bettine sich anmaßt, eine Eifersucht an den Tag zu legen, zu der sie nicht berechtigt ist: *Schelling kömmt auch selten zu mir*, schreibt sie im März 1809 an Goethe, *er hat etwas an sich, das will mir nicht behagen, und dies Etwas ist seine Frau, diese will mich immer eifersüchtig machen, auf Dich, sie ist in Briefwechsel mit einer Pauline G. aus Jena, von dieser erzählt sie mir immer, wie lieb Du sie hast, wie liebe Briefe Du ihr schreibst pp., es ist mir egal, ich kann nicht wollen, daß Du mich am liebsten hast, aber es soll sich niemand unterstehen, Dich so lieb zu haben wie ich.*[214] (Übrigens hat die boshafte Caroline Schlegel-Schelling nicht nur Bettine Brentano auf Pauline Gotter, sondern auch Pauline auf Bettine eifersüchtig gemacht, so daß diese mit einiger Genugtuung das Zerwürfnis ihrer Nebenbuhlerin Bettine mit Goethe zur Kenntnis nahm!)

Auch der Madame de Staël grollt Bettine eifersüchtig: *Mein Unglück führte mich grade nach Frankfurt, als Frau von Staël durchkam, ich mußte einen Abend mit ihr zubringen, sie sprach von Dir; so oft Dein Name von ihren garstigen Lippen kam, überfiel mich ein innerlicher Grimm, sie erzählte mir, daß Du sie Amie in Deinen Briefen nenntest pp., nun riß mir aber die Geduld – wie kannst Du einem so unangenehmen Gesicht freundlich sein? sie hat auch wohl nur gelogen; wär ich bei Dir; ich litt's nicht, daß Du so freundlich wärst, so wie die Feen mit feurigen Drachen, so würde ich mit feurigen Blicken meinen Schatz bewahren.*[215]

So exaltiert im Ton war Bettines merkwürdiges Verhältnis zu Goethe von Anfang an gewesen. In ihrem ersten Brief an Goethe, datiert vom 15. Juni 1807, nach der persönlichen Begegnung in Weimar, ruft sie aus: *Ein Menschenkind, das allein steht auf einem Fels, von allen Winden und reißenden Strömen umbraust, seiner selbsten ungewiß, hin und her schwankt auf schwachen Füßen, wie die Dornen und Disteln um es her; so bin ich! so war ich, da ich meinen Herrn noch nicht erkannt hatte. Nun wend ich mich, wie die Sonnenblume nach meinem Gott; und kann ich ihm mit dem von seinen Strahlen glühenden Angesicht beweisen, daß er mich durchdringt. O Gott! darf ich auch? und bin ich nicht allzu kühn?*[216]

Dieses Bild nimmt sie wieder auf, wenn sie im Dezember desselben Jahres, kurz nach ihrem zweiten Weimar-Aufenthalt, an Goethe schreibt: *Leb wohl, Du guter großer herrlicher Freund, ich steh auf einem Fels in meiner Liebe, auf den ich mit Lebensgefahr gekommen bin, ans Herunterklettern ist gar nicht zu denken, da bräch' ich auf allen Fall den Hals.*[217]

Stets verlangt sie von Goethe, daß er sich in Gedanken zu ihr versetze: *Wenn Deine Einbildungskraft geschmeidig genug ist, mir durch alle Weg und Steg, Berg und Klüfte zu folgen, so will ich's auch noch wagen, Dich zu mir zu führen; ich bitte Dich also komme – nur immer höher – drei Stiegen hoch – hier in mein Zimmer; setze Dich auf den blauen Sessel am grünen Tisch – mir gegenüber – ich will Dich – nicht küssen, nur ansehen – das Licht hier blendet mich – setz es beiseite – so, nun reich mir die Hand herüber und laß mich meinen Mund drauf drücken, und – Goethe? folgt mir Deine Einbildungskraft immer noch? – Dann mußt Du die unwandelbarste Liebe in meinen Augen erkennen, mußt jetzt liebreich mich in Deine Arme ziehen; sagen: «so ein liebes treues Kind hat mir der Himmel beschert zum Lohn für manches; es ist mir wert, dies Kind, ein Schatz ist mirs, ein Kleinod, das ich nicht verlieren will», – siehst Du, und mußt mich küssen.*[218]

Unwandelbar war Bettines Liebe zu Goethe in der Tat, auch nach dem Bruch als Folge des Skandals von 1811.

Zögernd ließ der Dichter sie von 1821 an sogar wieder zu Besuchen vor und nahm mit einigem Amusement Bettines Entwürfe zu einem Goethe-Denkmal zur Kenntnis. Im Jahre 1819 hatte Sulpiz Boisserée anläßlich des siebzigsten Geburtstags Goethes ein solches Denkmal angeregt, und mit ihrem Entwurf trat Bettine zu den größten Bildhauern ihrer Zeit, darunter Christian Daniel Rauch, in Konkurrenz. Natürlich versäumte sie nicht, auch sich selbst in diesem Denkmalsentwurf zu verewigen, als

Bettine von Arnim vor dem Entwurf ihres Goethe-Denkmals.
Radierung von Ludwig Emil Grimm, 1838

kleine Psyche, die sich an Goethes Knie schmiegt. Und Goethe selbst?
Was bedeutete ihm die hingebungsvolle, freilich oft erdrückende Liebe
Bettines?

Zunächst wird er die temperament- und gefühlvolle Verehrerin, deren
Zuneigung ihm schmeichelte, durchaus geschätzt haben. Gutmütig und
väterlich dankt er ihr für ihre Geschenke: «Sie haben sich, liebe Bettine,
als ein wahrer kleiner Christgott erwiesen, wissend und mächtig, eines

jeden Bedürfnisse kennend und ausfüllend»[219], warnt sie aber auch bald vor einem Übermaß an Großzügigkeit: «Sie haben, liebe kleine Freundin, die sehr grandiose Manier, uns Ihre Gaben immer recht in Masse zu senden. So hat mich Ihr letztes Paket gewissermaßen erschreckt. Denn wenn ich nicht recht haushälterisch mit dem Inhalt umgehe, so erwurgt meine kleine Hauscapelle eher daran, als daß sie Vorteil davon ziehen und uns Freude dadurch machen sollte. Sie sehen also, meine Beste, wie man sich durch Großmut selbst dem Vorwurf aussetzen könne.»[220]

Obwohl Bettine Goethe von Anfang an unbefangen duzt, bleibt er zunächst beim förmlichen «Sie». Erst allmählich geht auch er in den eigenhändigen Zusätzen zu seinen in der Regel diktierten Briefen zum vertraulichen «Du» über: «Verzeihe mir, liebe Bettine, daß ich dir durch eine fremde Hand schreibe, sonst komme ich gar nicht dazu.»[221] Im September 1809 bittet er Bettine aus Jena: «Laß uns bald wieder von dir vernehmen. Meine Frau grüßt aufs beste.»[222] Diesen Brief hat Bettine in «Goethes Briefwechsel mit einem Kinde» aufgenommen, unter authentischem Datum, aber wieder einmal mit signifikanter Änderung des originalen Wortlauts: «Laß mich bald wieder von Dir vernehmen. Der Herzog grüßt Dich aufs beste.»[223] Auch hier negiert Bettine die Wirklichkeit von Goethes Ehe und verleiht sich einen höheren Status als den, der ihr gewährt wurde.

Die Aufdringlichkeit ihrer Zuneigung verdarb schließlich das Verhältnis. Zwar verzeichnet Goethes Tagebuch seit 1821 wieder einige Besuche Bettines – ihre seit dem Streit 1811 geschriebenen Briefe, in denen sie flehentlich um eine Wiederaufnahme des Kontakts gebeten hatte, waren unbeantwortet geblieben –, aber am 13. September 1826 schreibt der Dichter dem Herzog Carl August, dem Bettine sich offenbar auch genähert hatte, mehr als es diesem lieb war: «Diese leidige Bremse ist mir als Erbstück von meiner guten Mutter schon viele Jahre sehr unbequem. Sie wiederholt dasselbe Spiel, das ihr in der Jugend allenfalls kleidete, wieder, spricht von Nachtigallen und zwitschert wie ein Zeisig. Befehlen Ew. H., so verbiet ich ihr in allem Ernst onkelhaft jede weitere Behelligung.»[224] (Es scheint der Aufmerksamkeit der Goethe-Philologie bislang entgangen zu sein, daß dieser Brief just am fünfzehnten Jahrestag des denkwürdigen Streits Bettines mit Christiane geschrieben wurde!)

Am 7. August 1830 trägt Goethe schließlich in sein Tagebuch die Bemerkung ein: «Frau von Arnims Zudringlichkeit abgewiesen.» Damit wurde Wirklichkeit, was Bettine schon 1809 in einem Traum vorausgeahnt hatte: *Heute nacht hab' ich wieder von Dir geträumt – Du warst ernst und sehr geschäftig, und da ich zu Dir kam, sagtest Du gleich: daß ich Dich nicht stören möge!*[225] Die darauffolgende zärtliche Versöhnung, die Bettine auch geträumt haben will, vollzog sich freilich nicht.

Während Goethe für Bettine das beherrschende Erlebnis ihres Lebens blieb, war sie für ihn wohl kaum mehr als eine Episode, ein Äugelchen,

Bettine von Arnim.
Bleistiftzeichnung
von Wilhelm Hensel,
1853

das er zuweilen väterlich schmunzelnd tolerierte, dem er vielleicht manchmal, etwa 1810 bei der Begegnung im böhmischen Teplitz, sogar kleine Zärtlichkeiten erwies, das ihm schließlich aber – sagen wir es offen – schlichtweg auf die Nerven ging und ihm in seiner obsessiven Anhänglichkeit ein Dorn im Auge oder, um es mit seinen eigenen Worten auszudrücken, eine «leidige Bremse» wurde. Zudem hatte Goethe seine Aufmerksamkeit inzwischen anderen Frauen zugewandt, in den Jahren 1814/15 Marianne von Willemer, in den Jahren 1821 bis 1823 der jungen Ulrike von Levetzow, der er sogar einen Heiratsantrag machen sollte. An Silvester 1823, als Bettine leidenschaftlich an Goethe schreibt: *O tue dem nicht also, sei nicht meiner Begeisterung früher erstorben, lasse das Geheimnis der Liebe noch einmal zwischen uns erblühen*[226], sitzt Goethe am Schreibtisch in Weimar und richtet an die Mutter der Ulrike von Levetzow Worte, die darauf hindeuten, daß er noch immer – wider besseres Wissen – darauf hofft, daß die neunzehnjährige Freundin ihm, dem vierundsiebzigjährigen Dichter, eine positive Antwort auf seinen Antrag gibt: «Möge sich dem Erfüllen und Gelingen nichts! nichts! entgegensetzen!»[227]

Marianne von Willemer
Von der «lieben Kleinen» zum «Großmütterchen»

Einen größeren Gegensatz als den zwischen Bettine von Arnim, Goethes «leidiger Bremse», und Marianne von Willemer, Goethes vornehm-zurückhaltender Suleika, kann man sich kaum denken. Hatte der Kontrast zwischen Goethes «verehrter Freundin» Charlotte von Stein und seinem «kleinen Naturwesen» Christiane Vulpius insbesondere im Gegensatz von kühler Distanz und menschlicher Wärme, von feiner Bildung und unverbildeter Ursprünglichkeit gelegen, so unterscheiden sich Bettine von Arnim und Marianne von Willemer vor allem in ihrem so gänzlich konträren Verhältnis zu Goethe.

Zudringlich hatte Bettine den Kontakt zu dem berühmten Dichter gesucht, ihn mit Geschenken überwältigt, mit leidenschaftlichen Briefen bedrängt und ihre Rolle in Goethes Leben größer und wichtiger zu machen gesucht, als es den Tatsachen entsprach. Ihr Buch «Goethes Briefwechsel mit einem Kinde» legt davon noch drei Jahre nach Goethes Tod Zeugnis ab, stellt es doch in seiner monumentalisierenden Überhöhung des Dichters nicht nur ein Beispiel der Goethe-Rezeption dar, sondern auch den Versuch, eine verklärende Bettine-Rezeption in die Wege zu leiten – Bettine als Psyche, als Mignon, als ‹Kind›.

Ganz anders Marianne, die übrigens zu Bettine – die Frankfurter Familien Willemer und Brentano waren gut bekannt miteinander – bezeichnenderweise zeit ihres Lebens kein herzliches Verhältnis entwickeln konnte. Eher zufällig hatte sich während Goethes Besuch in seiner Heimat im Sommer 1814 die Bekanntschaft mit Marianne von Willemer ergeben – auch zwischen den Familien Goethe und Willemer existierten alte Bande –, und daß diese Bekanntschaft des alternden Dichters zu der jungen Marianne sich im Sommer des folgenden Jahres zu einer tiefen Zuneigung steigerte, die ihren literarischen Niederschlag im poetischen Wechselgesang zwischen Hatem und Suleika fand, blieb Mariannes treu bewahrtes und fast bis zu ihrem Tod sorgsam gehütetes Geheimnis.

Erst im Jahre 1849 – Marianne lebte damals als vierundsechzigjährige Witwe allein in einer kleinen, aus zwei Zimmern bestehenden Wohnung in der Frankfurter Alten Mainzer Gasse – begann sie allmählich, dieses Geheimnis Schritt für Schritt preiszugeben: ihre Liebe zu Goethe und ihren dichterischen Anteil an den Liedern des «West-östlichen Divan». Der junge Mann, dem sie sich, zögernd zunächst, öffnete, war Herman Grimm, Sohn von Wilhelm, Neffe von Jacob Grimm und bald Schwiegersohn der Bettine von Arnim. Er hatte als einundzwanzigjähriger Student Kontakt zu Marianne gesucht, gewann bald ihr Vertrauen und erwies sich dieses Vertrauens als würdig.

Erst neun Jahre nach Mariannes Tod am 6. Dezember 1860, in einem Aufsatz, der 1869 in den «Preußischen Jahrbüchern» erschien, enthüllte er, was sie ihm anvertraut hatte: daß einige von Goethes Gedichten in Wahrheit aus der Feder einer bis dahin fast völlig unbekannten jungen Komödiantin stammten.

Auch Mariannes Korrespondenz mit Goethe wurde, ihrem letzten Willen gemäß, erst lange nach ihrem Tod veröffentlicht – in ihren letzten Lebensjahren hatte sie diese Briefe, ausgebreitet in einem gläsernen Kasten, «offenbar und doch geheimnisvoll und unnahbar»[228] in ihrer Wohnung aufbewahrt. So blieb ihr zu Lebzeiten ein Kult um ihre Person und die Zudringlichkeit berufener und unberufener Goethe-Forscher erspart, wie sie es sich gewünscht hatte, aber mit ins Grab nehmen wollte sie ihr Geheimnis, ihren dichterischen Anteil an Goethes «Divan» nicht.

Im Jahre 1798 war sie nach Frankfurt gekommen, als vierzehnjähriges Mitglied einer Komödiantentruppe, und damit in sozial anrüchigem Milieu beheimatet. Über ihre Kindheit ist kaum etwas bekannt, weder ihr Geburtsort noch ihr Geburtsdatum sind mit Sicherheit bezeugt, aber es spricht vieles dafür, daß sie am 20. November 1784 im österreichischen Linz an der Donau zur Welt kam. Ihre Auftritte in Frankfurt stießen auf wohlgefällige Aufnahme – unter den Zuschauern, die Marianne als Harlekin aus dem Ei schlüpfen sahen, sollen unter anderen Goethes Mutter und der junge Clemens Brentano gewesen sein –, und auch ein Mitglied der Theaterkommission, der Geheimrat Johann Jakob von Willemer, sah Marianne und beschloß kurzerhand, sie aus dem anrüchigen Milieu zu entfernen und als Pflegetochter in seine Familie aufzunehmen.

Dieser Johann Jakob von Willemer war ein problematischer Charakter. Bereits zweimal verwitwet, vom Leben frustriert und vielfach enttäuscht, gibt er in einem Brief an Goethe, der vom 11. Dezember 1808 datiert ist, folgendes trübsinnige Selbstporträt: «Ich bin ohne Erziehung aufgewachsen und habe nichts gelernt. Arm geboren und daher nach Frankfurter Manier von jedem über die Achsel angesehen (und das schlägt tiefe Furchen in einem zarten Gemüt, weckt des Lebens Qual, einen grenzenlosen Ehrgeiz), mußt ich alles, was ich besitze, mir selbst verdienen, darüber verstrich der schönste Teil meines Lebens, und ich konnte mich mit nichts befassen als mit Gelderwerb, nach nichts streben als nach Schein-Ehre.»[229]

Da ein gewisser Geltungstrieb ihm eigen war, gab er oft und gern für Schauspieler und Schauspielerinnen (mit besonderer Vorliebe für letztere) großartige Soupers und hatte sich damit den zwielichtigen Ruf verschafft, für seine Großzügigkeit auch Gegenleistungen zu verlangen. Als er im Jahre 1800 die junge Marianne in sein Haus aufnahm, setzte er daher auch diese der Nachrede aus, die einer sozialen Ächtung gleichkam.

Aus erster Ehe hatte Willemer vier Töchter, deren älteste, Rosine (genannt Rosette) bereits verheiratet war, nur die drei jüngeren lebten noch im Haus; aus der zweiten Ehe war ihm sein einziger und geliebter Sohn Abraham (genannt Bramy) geblieben, dessen Verhältnis zum Vater, der in ihn all die Hoffnungen setzte, deren Erfüllung ihm selbst versagt geblieben war, jedoch kompliziert war. Im Jahre 1802 kehrte auch Rosette, zwanzigjährig zur Witwe geworden, ins Vaterhaus zurück und schloß sich in herzlicher und neidloser Freundschaft der um zwei Jahre jüngeren Marianne an.

Man braucht nicht zu betonen, daß die Stellung Mariannes in Willemers Haus schief angesehen wurde – nicht von der Familie, sehr wohl aber in der Öffentlichkeit. Erst am 27. September 1814 vollzog Willemer den längst erwarteten Schritt und machte Marianne zu seiner Ehefrau und zur ‹Stiefmutter› seiner fünf Kinder, darunter der um zwei Jahre älteren Rosette. In den vierzehn Jahren von 1800 bis 1814 hatte Mariannes Lage eine fatale Ähnlichkeit mit der schwierigen Position der Christiane Vulpius in den achtzehn Jahren ihrer Lebensgemeinschaft mit Goethe von 1788 bis 1806, und Christiane wird mit einigem Verständnis die Nachricht zur Kenntnis genommen haben, die Goethe ihr am 12. Oktober 1814 zukommen ließ: «Abend zu Frau Geheimerätin Willemer: denn dieser unser würdiger Freund ist nunmehr in forma verheiratet.»[230] Kurz vorher hatte Goethe die Willemers in Frankfurt besucht und war von dort aus zu den Brüdern Boisserée nach Heidelberg abgereist, um deren Sammlung mittelalterlicher Gemälde kennenzulernen. Während dieses Abstechers fand die Hochzeit statt, und bald darauf konnte Goethe gemeinsam mit dem frischgebackenen Ehepaar Willemer von Frankfurt aus am 18. Oktober die Freudenfeuer zum ersten Jahrestag der Völkerschlacht bei Leipzig bewundern.

Zu einer innigen Neigung zwar scheint es zwischen Marianne und Goethe noch nicht gekommen zu sein, sehr wohl aber zu einem wechselseitigen Vertrauen. Goethe nennt Marianne seine «liebe Kleine», und diese dichtet ihm, in Anspielung auf die von Goethe verwendete Redewendung, etwas sei ihm «so lang wie breit», die munteren Verse:

Zu den Kleinen zähl ich mich,
Liebe Kleine nennst Du mich.
Willst Du immer so mich heißen,
Werd ich stets mich glücklich preisen,
Bleibe gern mein Leben lang
Lang wie breit und breit wie lang.[231]

Marianne Jung, verh. von Willemer. Aquarell, um 1809.
Das Porträt entstand im Umkreis einer Miniatur auf Elfenbein,
die Joseph Nicolas Peroux zugeschrieben wird.

Und ihr Ehemann Willemer sekundiert in einem Brief an Goethe vom
Dezember 1814 großherzig: «Meine Frau, die sich, so wie ich, Ihrer Ge-
mahlin und dem klugen August empfiehlt, will, seitdem sie von Ihnen die
Kleine genannt worden, durchaus nicht mehr wachsen, es wäre denn in
Ihrem Herzen.»[232]

Diese großmütige Bereitschaft, Goethes Verhältnis zu Marianne zu to-
lerieren, ja sogar nach Kräften zu fördern, behält Willemer auch im nächsten Jahr bei, als Goethes Neigung zu Marianne während seiner zweiten
Reise in die Heimat sich zur Leidenschaft steigert, und auch in den folgenden Jahren, in denen Marianne häufig kränkelt und ihre Sehnsucht
sie in schwere gesundheitliche und seelische Krisen stürzt.

Nach dem Tod von Goethes Frau Christiane 1816 offeriert er Goethe
sogar, ihn ganz bei sich in Frankfurt aufzunehmen – wie er sich allerdings
eine solche Ménage à trois vorgestellt hat, bleibt sein Geheimnis.

Freilich war diese Großzügigkeit nicht allein Willemers gutem Herzen zu verdanken, sondern auch ein Produkt seiner Geltungssucht. Oft scheint seine Einmischung in die von beidseitiger Zurückhaltung und Verhaltenheit geprägte Neigung zwischen Goethe und Marianne gewaltsam und aufdringlich, denn daß der berühmteste Dichter der Nation seine Frau liebt, scheint ihn auch hoffen zu lassen, daß davon ein wenig Glanz auf ihn selbst falle.

Es ist heute schwer nachzuvollziehen, was sich in jenem denkwürdigen Sommer 1815 zwischen Goethe und Marianne abgespielt hat. Die überlieferten dürren Daten helfen hierbei ebensowenig wie Goethes lakonische Tagebucheintragungen. Es ist gewiß, daß Goethe vom 12. August bis zum 17. September bei Willemers wohnte, sowohl auf der Gerbermühle als auch im Haus «Zum Roten Männchen», der Stadtwohnung der Willemers. Am 18. September brach Goethe mit Sulpiz Boisserée wiederum nach Heidelberg auf, und am 23. September reiste Marianne, gemeinsam mit ihrem Ehemann und der ‹Stieftochter› Rosette, ihm nach. Zusammen erkundete man Heidelberg und lustwandelte im Schloßgarten, und der poetische Zauber der Schloßruine mag neben dem gemeinsamen Dichten ein übriges getan haben, die wechselseitige Verbundenheit zu steigern.

Die Gerbermühle bei Frankfurt a. M.

Der Abschied am Abend des 25. September jedenfalls fiel schwer (Marianne wußte freilich noch nicht, daß er endgültig sein sollte), und von jetzt an hoffte Marianne gemeinsam mit ihrem Mann alljährlich auf ein Wiederkommen Goethes. Als im folgenden Jahr, am 6. Juni 1816, Goethes Frau Christiane stirbt, scheint einem Besuch Goethes erst recht nichts mehr im Wege zu stehen – so jedenfalls denken Willemers, aber Goethe denkt anders. Zwar verläßt er am 20. Juli Weimar zu seiner dritten Rhein- und Mainreise, aber kurz hinter der Stadt bricht die Achse des Reisewagens, und Goethes Begleiter Johann Heinrich Meyer wird geringfügig am Kopf verletzt. Für den abergläubischen Dichter ist dieser unbedeutende Unfall, den er den ihn sehnsüchtig erwartenden Freunden in Frankfurt in dürren Worten mitteilt, Grund genug, die geplante Reise ganz aufzugeben – er wird nie mehr in seine Heimat fahren.

Marianne von Willemer war enttäuscht, aber sie bedrängte Goethe nicht mit ihrer Trauer, sondern verschob die Hoffnung auf ein Wiedersehen in ihrem Herzen auf das kommende Jahr. Zu Weihnachten erfreut sie Goethe mit neuen Pantoffeln und sendet ihm auch sonst allerlei Kostbarkeiten (kulinarische insbesondere) aus der Heimat. Goethe bittet um Wein, etwa um den offenbar besonders guten Jahrgang 1811, und nennt voll Humor die aus zwölf Flaschen bestehende Weinsendung «die zwölf Apostel»[233] und die erneute Lieferung «das Reservebataillon»[234]. Auch bittet er um Artischocken, Honig oder Süßigkeiten, und Marianne erfüllt solche Aufträge mit großer Freude. Daß Goethe auch im kommenden Sommer 1817 nicht nach Frankfurt reist – «Nun singen aber sämtliche unbarmherzige Ärzte ihr entscheidendes Prophetenlied: daß in den böhmischen Gebirgen für diesmal allein Heil zu finden sei!»[235], teilt er Willemers im Juli aus Jena mit –, führt zu einer herben Enttäuschung Mariannes. Zwar schreibt sie am 2. Oktober, scheinbar gefaßt, an Goethe: *Einige Zeilen von Ihrer Hand werden sehr erquicklich sein, auch wenn sie die Luftschlösser zerstören, die Willemer baut und ich möbliere*[236], aber der Winter 1817/18 stürzt sie in eine schwere Krise. Im Februar 1818 schreibt Willemer an Goethe: «Ihrem Scharfblick, teurer Freund, wird es nicht entgehen, daß unsere gute Marianne kränkelt, daß sie leidet, und es nicht mehr ist, wie es war! Die frischen Blüten unbefangener Jugend sind entflohen und haben ein verwundetes Herz zurückgelassen», und fügt mit einiger Bitternis – Goethe hat seit dem 19. Oktober 1817 geschwiegen! – hinzu: «Doch ich weiß nicht, ob den Meister das alles noch interessiert.»[237]

Als im Juli 1818 Willemers inniggeliebter Sohn Bramy in einem Duell getötet wird und Goethe auch jetzt noch auf den erschütternden Brief des verzweifelten Vaters nicht reagiert, steigert sich die Bitternis Willemers zu Vorwürfen, die sich in seinen Brief vom 30. Oktober 1818 ergießen: «Teuerster Freund, welch ein feindlicher Genius (ob ein Dämon der Gleichgültigkeit oder der Abneigung) ist Ursach, daß von Ihnen kein freundliches Wort mehr zu uns gelangt! ja daß auch August mir auf meine Bitte, wie es dem Vater gehe, keine Antwort gab? Und doch bedarf das Haus, das Sie kannten, und liebten, eines freundlichen Zuspruchs. Marianne kränkelt, mußte schon vor acht Wochen in die Stadt ziehen – hat keine Stimme – ich litt drei Wochen an schrecklichen Gichtschmerzen und leide noch – der Sohn liegt im Grab… so verspielt der Mensch sein Dasein an ein trübes Geschick… aber eben darum, daß so viele Fäden reißen, sucht man die alten zu erhalten, und will sich nicht gestehen, daß sie vielleicht schon durchschnitten sind.» [238]

Erst jetzt, nach über einjährigem Schweigen, antwortet Goethe und sendet einige Gedichte seines noch im Entstehen begriffenen «West-östlichen Divan» mit – über den Tod Bramys freilich verliert er kein Wort, die ihm unbehagliche Hemmungslosigkeit des väterlichen Schmerzes wußte er nur mit Schweigen zu erwidern.

Mariannes Antwort vom Dezember 1818 ist ganz geprägt von verhaltener Neigung, die verzichtender Resignation gleichkommt. Liest man ihre wehmütigen Zeilen, so fällt es schwer zu glauben, daß sie von einer erst vierunddreißigjährigen, nach heutigen Begriffen jungen Frau niedergeschrieben wurden: *Ihr freundlicher Brief und die ihn begleitenden Blätter haben mich wieder ganz in jene Zeit versetzt, in der ich so glücklich, ja ich darf wohl sagen, jugendlich-heiter war. Wenn ich mir jetzt meinen Zustand vergegenwärtige, so möchte ich wohl nicht mit Unrecht mich einem Baum vergleichen, dem ein schöner Herbst neue Blüten entlockt; die alles belebende Sonne schmückte mich noch einmal mit dem Kranze der Jugend; es war mein letztes Glück! – Der Ernst tritt in mein Leben wie ein kalter Winter, und die Blüte fällt.* [239] Im Juli 1819 sendet Goethe seiner zurückhaltenden und unaufdringlichen Freundin seine wärmsten Zeilen – die einzigen, in denen er sie duzt: «Nun da du sagst, und so lieblich, daß du mein gedenkst und gern gedenken magst: so höre doppelt und dreifach die Versicherung, daß ich jedes deiner Gefühle herzlich und unablässig erwidere. Möge dich dies zu guter Stunde treffen, und dich zu einem recht langen Kommentar über diesen kurzen Text veranlassen.» [240]

Als er ihr bald darauf den «West-östlichen Divan» sendet, ist Marianne zutiefst gerührt, auch ihre eigenen Lieder in Goethes Sammlung aufgenommen zu finden, doch beide, Goethe und Marianne, spielen lediglich auf dieses von ihnen geteilte Geheimnis an, ohne es durch Zerreden zu entweihen – den langen Kommentar zum kurzen Text lieferte erst die Goethe-Philologie nach.

Besonderes Vergnügen scheint es Goethe bereitet zu haben, daß Johann Peter Eckermann, der sich ihm 1823 durch seine «Beiträge zur Poesie mit besonderer Hinweisung auf Goethe» empfohlen hat, insbesondere Goethes Gedicht an den Westwind rühmt, das in Wahrheit von Marianne stammte, und schmunzelnd schreibt er ihr im Mai 1824: «Als ich des guten Eckermanns Büchlein aufschlug, fiel mir S. 279 zuerst in die

Augen; wie oft hab ich nicht das Lied singen hören, wie oft dessen Lob vernommen und in der Stille mir lächelnd angeeignet, was denn auch wohl im schönsten Sinne mein eigen genannt werden durfte.»[241] Vermutlich hat Marianne diese berühmten Verse an den Westwind kurz nach dem Abschied von Goethe in Heidelberg im September 1815 verfaßt, und als Zeugnis ihres dichterischen Vermögens seien sie hier in ihrer originalen Fassung, ohne die Änderungen Goethes, wiedergegeben:

Ach, um deine feuchten Schwingen,
West, wie sehr ich dich beneide:
Denn du kannst ihm Kunde bringen,
Was ich durch die Trennung leide.

Die Bewegung deiner Flügel
Weckt im Busen stilles Sehnen;
Blumen, Augen, Wald und Hügel
Stehn bei deinem Hauch in Tränen.

Doch dein mildes sanftes Wehen
Kühlt die wunden Augenlider;
Ach, für Leid müßt' ich vergehen,
Hofft ich nicht, wir sehn uns wieder.

Geh denn hin zu meinem Lieben,
Spreche sanft zu seinem Herzen;
Doch vermeid' ihn zu betrüben
Und verschweig' ihm meine Schmerzen.

Sag ihm nur, doch sag's bescheiden:
Seine Liebe sei mein Leben,
Freudiges Gefühl von beiden
Wird mir seine Nähe geben.

Angeregt und ermuntert durch die Anerkennung ihrer dichterischen Fähigkeiten sendet Marianne Goethe zum Geburtstag 1824 das Gedicht «Das Heidelberger Schloß», dessen letzte Strophe lautet:

Schließt euch um mich, ihr unsichtbaren Schranken,
Im Zauberkreis, der magisch mich umgibt,
Versenkt euch willig, Sinne und Gedanken,
Hier war ich glücklich, liebend und geliebt.[242]

Wie mag Marianne Goethes Antwortbrief auf dies Bekenntnis aufgenommen haben, der mit den Worten beginnt: «Also abermals Artischocken! sorgfältig wie die vorigen gepackt und nun gar mit Zucker-werk begleitet, bei Tisch und Nachtisch zur Freude und Bewunderung großer und kleiner Familienglieder und werter Gäste.»[243]

Sie wird nicht geahnt haben, daß Goethe zu dieser Zeit befangen war in seiner nächsten und letzten Liebe zu der jungen Ulrike von Levetzow und daß auch er verzweifelt versuchte, sich mit der Resignation des Alters abzufinden. Wie ein unbewußtes Echo auf Goethes Verse der «Marienbader Elegie»

Wenn Liebe je den Liebenden begeistet,
Ward es an mir aufs lieblichste geleistet,
klingt Mariannes dichterische Entsagung:
Hier war ich glücklich, liebend und geliebt.

Mit seiner Suleika, die ihm längst nicht mehr Geliebte, wohl aber Vertraute war, blieb Goethe bis kurz vor seinem Tod in brieflichem Kontakt. Im Ton erinnern diese vertrauten Briefe an die Korrespondenz Goethes mit Christiane, etwa wenn er die Frankfurter Freundin um Leckereien für seine Enkel bittet. So schreibt am 13. Januar 1832 der zweiundachtzig-jährige Großvater dem «Großmütterchen», wie Marianne sich selbst gern und im Alter ausschließlich bezeichnete (zur Großmutter hatte sie, die selbst kinderlos blieb, schon die Hochzeit mit Willemer gemacht, denn Rosette, die ‹Stieftochter›, war damals bereits Mutter): «Wollen Sie mir indes freundliche Gesichter von meinen Enkeln erwecken, so er-bitte mir, etwa im Februar, etwas Offenbacher Pfeffernüsse; bis dahin werden die magenverderblichen Weihnachtsgaben wohl schon aufge-

«Vermächtnis». Eigenhändige Niederschrift des Gedichtes vom 13. März 1831, das Goethe mit Marianne von Willemers Briefen in einem versiegelten Paket am 29. Februar 1832 nach Frankfurt sandte.

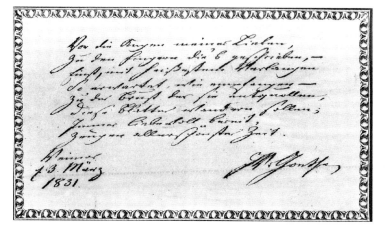

Marianne von Willemer.
Fotografie nach einer Daguerreotypie, 1860

speist sein. Die Menschheit, merke ich, mag noch so sehr zu ihrem höchsten Ziele vorschreiten, die Zuckerbäcker rucken immer nach; indem sich Geist und Herz immerfort reinigt, wird, wie ich fürchte, der Magen immer weiter seiner Verderbnis entgegengeführt.»[244]

Mariannes eigene Briefe, die das «Großmütterchen» gemeinsam mit Goethes Briefen in ihrem gläsernen Kasten als wertvollen Schatz hütete, hatte Goethe ihr kurz vor seinem Tod zurückgesandt und sie gebeten, diese «bis zu unbestimmter Stunde», bis zu seinem Tode also, ungeöffnet zu lassen.

Wie Marianne von Willemer dem jungen Herman Grimm anvertraute, hat sie diesen Wunsch erfüllt – als sie in der Stunde, in der ihr Goethes

119

Tod gemeldet wurde, das Päckchen erbrach, fand sie obenauf Goethes Verse:

> Vor die Augen meiner Lieben,
> Zu den Fingern, die's geschrieben –
> Einst in heißestem Verlangen
> So erwartet, wie empfangen –
> Zu der Brust, der sie entquollen,
> Diese Blätter wandern sollen;
> Immer liebevoll bereit
> Zeugen allerschönster Zeit.[245]

Nach Goethes Tod hat Marianne von Willemer noch achtundzwanzig Jahre gelebt. Aufopferungsvoll pflegte sie ihren schwierigen, oft hypochondrischen, stets klagenden Ehemann Johann Jakob von Willemer bis zu dessen Tod 1838, und in den verbleibenden Jahren war sie häufiger und gern gesehener Gast in der Familie Schlosser auf Stift Neuburg – ganz in der Nähe ihres geliebten und für sie so erinnerungsträchtigen Heidelberger Schlosses.

Den Kontakt zu Goethes Familie pflegte sie weiter, empfing Goethes Schwiegertochter Ottilie und Goethes Enkel auf der Gerbermühle, musizierte mit Walther von Goethe und suchte diesem schwierigen jungen Mann (vergeblich) das Ethos seines Großvaters weiterzugeben und ihm eine solide musikalische Ausbildung ans Herz zu legen.

Die Musik hatte für sie von früher Zeit an eine große Bedeutung, und es ist bezeichnend, daß sie, neben Bettine von Arnim die künstlerischste aller Freundinnen Goethes, ähnlich wie diese 1810 in Teplitz ebenfalls versuchte, Goethe für Beethoven zu erwärmen, daß sie sich sogar wünschte, Beethoven möge die Lieder des «Divan» vertonen.[246] Dieses große Verständnis für den Komponisten war allerdings auch die einzige Eigenschaft, die die zurückhaltende Marianne mit der überspannten Bettine teilte.

Ulrike von Levetzow
«Keine Liebschaft war es nicht»

Goethes Beziehungen zu den «Äugelchen» Minchen Herzlieb und Bettine Brentano, nachmals von Arnim, ja sogar sein seelenvolles Verhältnis zu Marianne von Willemer, all diese Neigungen des alternden Dichters wurden gemäßigt durch die feste, Sicherheit verbürgende Ehe mit Christiane Vulpius, und es ist bezeichnend, daß Goethe nach dem Tod seiner Frau ein Wiedersehen mit Marianne von Willemer ängstlich vermieden hat. Ein vorübergehendes letztes Aufflammen einer Leidenschaft des alten, den Dichter zutiefst gefährdenden Typus erlebt Goethe erst wieder nach Christianes Tod, denn seit dem 6. Juni 1816, an dem Goethe, wie sein Tagebuch festhält, nichts als «Leere und Totenstille» in und außer sich gespürt hatte, war seine Einsamkeit stets gewachsen – auch die Tatsache, daß sein Sohn August mit der von Goethe sehr geliebten Schwiegertochter Ottilie im Haus am Frauenplan lebte, vermochte daran nichts zu ändern.

Als er im Jahre 1821 während seines sommerlichen Aufenthaltes im böhmischen Marienbad seiner alten Bekannten Amalie von Levetzow und deren ältester Tochter Ulrike begegnet, faßt er eine starke, zunächst ganz väterliche Zuneigung zu dem anmutigen siebzehnjährigen Mädchen, das gerade seine Schulausbildung in einem französischen Pensionat in Straßburg abgeschlossen hat. Aus der väterlichen Sympathie und Aufmerksamkeit wird jedoch während der beiden folgenden Sommeraufenthalte in Böhmen eine sich stetig steigernde Liebe, die im Sommer 1823 ihren Höhepunkt in Goethes Heiratsantrag findet.

Ulrike von Levetzow schrieb im Alter, bedrängt von neugierigen Germanisten, ihre nur wenige Seiten umfassenden «Erinnerungen an Goethe», mit denen sie Gerüchten entgegentreten wollte, es habe sich bei ihrem Verhältnis zu Goethe um eine auf wechselseitiger Neigung beruhende Liebschaft gehandelt.

Der kindliche Stil, in dem noch das alte Stiftsfräulein die Jugenderinnerungen festhält, macht die Tragik, die in Goethes letztem Liebeswerben lag, ganz besonders bewußt, denn für Ulrike blieb Goethe stets die verehrte Vaterfigur, ähnlich wie Minchen Herzlieb von Goethe immer nur als von dem «lieben, alten Herrn» gesprochen hatte.

Ulrike von Levetzow. Pastell, 1821

Ulrikes «Erinnerungen» enthalten auch einen Bericht über die erste Begegnung mit Goethe, die in Marienbad im Hause ihrer Großeltern Brösigke stattgefunden hatte: *Großmutter ließ mich zu sich rufen, und das Mädchen sagte mir, es sei ein alter Herr bei ihr, welcher mich sehen wollte, was mir gar nicht angenehm, da es mich in einer eben begonnenen Handarbeit störte. Als ich ins Zimmer trat, wo meine Mutter auch war, sagte diese: «Das ist meine älteste Tochter Ulrike.» Goethe nahm mich bei der Hand und sah mich freundlich an und frug mich, wie mir Marienbad gefalle. Da ich das letzte Jahr in Straßburg in einer französischen pension zugebracht, auch erst 17 Jahre alt war, wußte ich gar nichts von Goethe, welch*

berühmter Mann und großer Dichter er sei, war daher auch ohne alle Ver-
legenheit einem so freundlichen alten Herrn gegenüber, ohne alle Schüch-
ternheit, welche mich sonst meist bei neuen Bekanntschaften ergriff.[247]

Der freundliche alte Herr, der offenbar bezaubert war von der Anmut des jungen Mädchens, lud sie bald schon zu gemeinsamen Spaziergängen ein, und da Ulrike seine mineralogische Passion nicht teilte, brachte er ihr anstelle von seltenen Steinen schöne Blumen mit oder legte ihr, um sie für seine Gesteinssammlung zu interessieren, Schokolade zwischen die Mineralien. Doch trotz der häufigen gemeinsamen Ausflüge galt das Verhältnis Goethes zu Ulrike allgemein als völlig unverdächtig, und *es fiel auch später niemandem und auch meiner Mutter nicht ein, in dem vielen Zusammensein etwas anderes als ein Wohlgefallen eines alten Mannes, welcher mein Großvater hätte sein können nach den Jahren, zu einem Kind, welches ich ja noch war, zu finden.*[248]

Hatte Ulrike im Sommer 1821 noch allein mit ihrer verwitweten Mutter in Marienbad geweilt, so traf im folgenden Jahr die ganze Familie Levetzow, das heißt die Mutter mit ihren drei Töchtern Ulrike, Bertha und Amélie, mit Goethe zusammen. Wieder bemühte Goethe sich intensiv um das junge Mädchen, wobei er immer wieder den Eindruck väterlicher

Marienbad mit dem Kreuzbrunnen. Zeichnung von Goethe,
schwarze Kreide, Feder, Tusche, Sepialavierung, 1820/23

Zuneigung zu Ulrike hervorrief und gar selbst betonte. *Auch in diesem Sommer war Goethe sehr freundlich mit mir und zeichnete mich bei jeder Gelegenheit aus; oft sagte er zu meiner Großmutter, wie sehr er wünsche, noch einen Sohn zu haben, denn der müßte dann mein Mann werden, mich würde er ganz nach seinem Sinn ausbilden, er habe eine große und väterliche Liebe für mich.*[249]

Erst im Jahr darauf kristallisierte sich immer deutlicher heraus, daß Goethe mehr für Ulrike empfand als nur «väterliche Liebe», daß er, der dreiundsiebzigjährige, ja fast vierundsiebzigjährige Dichter sich gar mit Heiratsgedanken trug. Der Weimarer Großherzog Carl August, auch er im Sommer 1823 Badegast in Marienbad, übernahm, vielleicht nicht ohne Schalk, die Rolle des Brautwerbers. In ihrem Bericht hält Ulrike auch ihre Erinnerung an diesen ungewöhnlichen Heiratsantrag fest:

Ich sagte schon, daß der Großherzog sehr befreundet mit meinen Großeltern und meiner Mutter war, auch uns hatte er schon als Kinder öfters gesehen; er war mit uns allen sehr freundlich und gnädig, und er war es, welcher meinen Eltern und auch mir sagte, daß ich Goethe heiraten möchte; erst nahmen wir es für Scherz und meinten, daß Goethe sicher nicht daran denke, was er widersprach, und oft wiederholte, ja selbst mir es von der lockendsten Seite schilderte, wie ich die erste Dame am Hof und in Weimar sein würde [...]. Meine Mutter hatte sich aber fest vorgenommen, keine ihrer Töchter zu einer Heirat zu überreden und zu bestimmen, doch sprach sie darüber mit mir und frug mich, ob ich mich wohl dazu geneigt fühle, worauf ich ihr erwiderte: ob sie es wünsche, daß ich es tue; ihre Antwort war: «Nein, mein Kind, du bist noch zu jung, um daß ich dich schon jetzt verheiratet sehen möchte; doch ist der Antrag so ehrenvoll, daß ich auch nicht, ohne dich darüber zu fragen, ihn abweisen kann; du mußt es dir überlegen, ob du in einer solchen Lage den Goethe heiraten kannst.» Ich meinte: «Ich brauche keine Zeit, zu überlegen, ich hätte Goethe sehr lieb, so wie einen Vater, und wenn er ganz allein da stünde, ich daher glauben dürfte, ihm nützlich zu sein, da wollte ich ihn nehmen; er habe ja aber durch seinen Sohn, welcher verheiratet sei und welcher bei ihm im Haus lebt, eine Familie, welche ich ja verdrängen würde, wenn ich mich an ihre Stelle setzte; er brauche mich nicht, und die Trennung von Mutter, Schwestern und Großeltern würde mir gar zu schwer; ich hätte noch gar keine Lust zu heiraten.» So war es abgemacht. Goethe selbst sprach nie darüber, weder mit meiner Mutter noch mit mir, wenn er mich auch seinen Liebling nannte, doch meist sein liebes Töchterchen.[250]

Ulrike hat ganz richtig vermutet, daß August und Ottilie von Goethe sich eine Verdrängung durch eine neunzehnjährige Stiefmutter nicht gefallenlassen wollten. Sehr schnell, noch während Goethe in Böhmen weilte, erfuhren sie von der Liebe des Dichters zu Ulrike und von seinen kühnen Zukunftsplänen, denn in der Weimarer Gerüchteküche brodelte es heftig. Wie stets in solchen Situationen vereinten sich die schlimmsten

Ottilie von Goethe. Pastell

Klatschbasen Weimars, darunter Charlotte Schiller, Karoline von Wolzogen und Karoline von Humboldt, um für Goethe zu entscheiden, was diesem fromme. Karoline von Wolzogen, weniger konventionell denkend als ihre Schwester Charlotte Schiller, freut sich zwar über Goethes «Jugendkraft des Herzens», fände aber doch eine Hochzeit gar zu «toll».[251] Charlotte Schiller hofft, «daß Goethe in einem Alter von 74 Jahren nicht so unweise handeln wird», spricht gar von einer «Blöße», die der Dichter sich gebe.[252] Karoline von Humboldt berichtet ihrem Mann schon am 12. August 1823 das Gerücht, daß die Hochzeit bereits stattgefunden habe, will aber nicht so recht daran glauben: «Doch hoffe ich, sind solche Ideen dem dreiundsiebzigjährigen Goethe fremd.»[253] Einige Wochen später weiß sie Genaueres: Ulrike habe Goethes Antrag wegen des allzu großen Altersunterschieds abgelehnt.

Ganz so eindeutig freilich verhielt es sich nicht. Obwohl der Großherzog Carl August mit verlockenden Angeboten eine Hochzeit mit Goethe für Ulrike hatte schmackhaft machen wollen, wurde der Antrag, glaubt man dem Zeugnis der «Erinnerungen» Ulrikes, von Mutter und Tochter zwar im Einvernehmen abgelehnt. Dennoch aber scheint man Goethe selbst keine definitive Antwort gegeben zu haben. Noch am Silvesterabend 1823 richtet er an die Mutter, Frau von Levetzow, die Worte: «Zu gleicher Zeit aber steht der neue Wandkalender von 1824 vor mir, wo die zwölf Monate zwar

August von Goethe. Kreidezeichnung von Johann Joseph Schmeller, um 1823

reinlich, aber auch vollkommen gleichgültig aussehen. Vergebens forsch ich, welche Tage sich für mich rot, welche düster sich färben werden; die ganze Tafel ist noch in Blanko, indessen Wünsche und Hoffnungen hin und wieder schwärmen. Mögen die meinen den Ihrigen begegnen! Möge sich dem Erfüllen und Gelingen nichts! nichts! entgegen setzen!»[254] – Ausdruck seiner Hoffnung auf eine positive Erwiderung Ulrikes? Die emphatische Ausdrucksweise, die mit ihrer rhetorischen Verdoppelung («Nichts! nichts!») und ihrer Häufung von Ausrufungszeichen an den Briefstil des jungen Goethe erinnert, legt diese Deutung nahe. Am 9. September 1823 hatte Goethe noch aus dem böhmischen Eger einen Brief an Frau von Levetzow gesandt, in dem er dezent das beharrliche Stillschweigen Ulrikes zu monieren scheint: «Und wenn ich mich nun zu der Tochter wende, so geht es mir ebenso; doch da sie selbst mit Worten nicht freigebig sein mag, so verzeiht sie mir wohl, wenn ich diesmal auch zurückhalte. Doch wenn mein Liebling (wofür zu gelten sie nun einmal nicht ablehnen kann) sich manchmal wiederholen will, was sie auswendig weiß, das heißt das Innerste meiner Gesinnung, so wird sie sich alles besser sagen, als ich in meinem jetzigen Zustand vermöchte. Dabei, hoff ich, wird sie nicht ableugnen, daß es eine hübsche Sache sei, geliebt zu werden, wenn auch der Freund manchmal unbequem fallen möchte.»[255]

Wir wissen aus den «Erinnerungen» Ulrikes, daß sie nie mit Goethe über den Antrag gesprochen hat. Trotzdem hat der Dichter im Grunde seines Herzens, auch wenn er äußerlich die Hoffnung nicht aufgeben wollte, früh gespürt, daß seinen Wünschen keine Erfüllung beschieden sein sollte, und er hat noch im Reisewagen von Böhmen nach Thüringen jene «Elegie» gedichtet, die zu den ergreifendsten Zeugnissen seiner Liebeslyrik gehört und unter dem aus dem «Tasso» entlehnten Motto steht: «Und wenn der Mensch in seiner Qual verstummt / gab mir ein Gott zu sagen, was ich leide.»

Goethes Tagebuch, das uns auch die Chronologie dieses böhmischen Sommers liefert – im August waren die Levetzows von Marienbad nach Karlsbad abgereist und Goethe war ihnen dorthin gefolgt –, verzeichnet akribisch die Stadien der Entstehung der «Elegie» während der Rückreise von Karlsbad über Eger und Jena nach Weimar. Wie wichtig, ja heilig ihm diese «Elegie» war, die er in seinem Tagebuch stets als «das Gedicht» bezeichnete, als handle es sich um das Gedicht schlechthin, den Prototyp der Lyrik, wird aus der Sorgfalt deutlich, die Goethe auch auf dessen äußere Gestaltung verwendete. «Die Abschrift des Gedichts vollendet», trägt er am 19. September 1823 in sein Tagebuch ein, als er schon wieder in Weimar weilt.

Johann Peter Eckermann, der als erster das Gedicht zu Gesicht bekam, beschrieb die Reinfassung unter dem 27. Oktober 1823 wie folgt: «Er hatte die Verse eigenhändig mit lateinischen Lettern also auf starkes

Ulrike von Levetzow (mit der Gitarre) und ihre Stiefschwester Bertha,
ihre Mutter und ihre Schwester Amélie (von links nach rechts). Holzstich
von 1893 (?) nach einem anonymen Gemälde von 1822

Belinpapier geschrieben und mit einer seidenen Schnur in einer Decke
von rotem Maroquin befestigt, und es trug also schon im Äußern, daß er
dieses Manuskript vor allen seinen übrigen besonders wert halte.»

Auch Wilhelm von Humboldt war tief beeindruckt von der «Elegie»,
die Goethe ihm am 19. November desselben Jahres zeigte, und sandte sei-

ner Frau Karoline, nur aus dem Gedächtnis, einen ausführlichen brieflichen Bericht, der mit den Worten endet: «In keiner Silbe des Gedichts ist des Alters erwähnt, aber es schimmert leise durch; teils darin, daß alles darin so ins völlig Hohe und Reine gezogen ist, teils in der umfassenden Fülle der Naturbetrachtung, auf die hingedeutet ist, und die Reife der Jahre fordert.»[256]

Und Goethes intimer Freund, der siebenundsechzigjährige Karl Friedrich Zelter, im Dezember 1823 mit dem Gedicht bekanntgemacht und damit der Dritte im Bunde der Eingeweihten, muß dem Dichter die «Elegie» wiederholt vorlesen, bekennt freilich später, er habe sie nur deshalb so gefühlvoll zu interpretieren vermocht, weil er dabei stets an seine eigene Geliebte gedacht habe – was Johann Diederich Gries zu der Bemerkung hinreißt: «Das sind doch noch ein paar alte Herren, wie sie sein sollen!»[257]

Vor seiner Familie hingegen verschloß Goethe seinen Schmerz. Allzu verständnislos hatte sein eigener Sohn August das letzte Liebeswerben seines Vaters zur Kenntnis genommen und angeblich sogar gedroht, er werde mit Ottilie nach Berlin ziehen, wenn sein Vater eine solche Torheit begehe. Schon am Tag der Rückkehr Goethes nach Jena, am 13. September, hatte er an Ottilie geschrieben: «[…] bis jetzt ist nichts verlautet, aber einige Verlegenheit nicht zu verkennen»[258], und am folgenden Tag hinzugefügt: «Der bewußte Name, das Wort Familie ist noch nicht genannt worden, und ich fange an zu hoffen, daß alles gut gehe und sich die ganze Geschichte wie ein Traumbild auflösen werde.»[259] Man spürt an diesen Zeilen, wie einsam sich der solchermaßen mißtrauisch belauerte Dichter in seinem eigenen Haus gefühlt haben muß.

Durch die «Elegie» schimmert die vorübergehend wiedererwachte Lebens- und Liebeslust, die der alte Dichter nach dem Tod seiner Frau längst verloren geglaubt hatte:

War Fähigkeit zu lieben, war Bedürfen
Von Gegenliebe weggelöscht, verschwunden;
Ist Hoffnungslust zu freudigen Entwürfen,
Entschlüssen, rascher Tat sogleich gefunden!
Wenn Liebe je den Liebenden begeistet,
Ward es an mir aufs lieblichste geleistet;

Und zwar durch sie! – Wie lag ein innres Bangen
Auf Geist und Körper, unwillkommner Schwere:
Von Schauerbildern rings der Blick umfangen
Im wüsten Raum beklommner Herzensleere;
Nun dämmert Hoffnung von bekannter Schwelle,
Sie selbst erscheint in milder Sonnenhelle.

Goethe im Alter von siebenundsiebzig Jahren.
Kreidezeichnung von Julius Ludwig Sebbers, 1826

Und doch gipfelt die «Elegie» zuletzt in schmerzlichem Entsagen:

Mir ist das All, ich bin mir selbst verloren,
Der ich noch erst den Göttern Liebling war;
Sie prüften mich, verliehen mir Pandoren,
So reich an Gütern, reicher an Gefahr;
Sie drängten mich zum gabeseligen Munde,
Sie trennen mich, und richten mich zu Grunde.

Es ist der Gipfel Goethescher Liebeslyrik, eine Summe seines lyrischen
Schaffens, die uns in der grandiosen Marienbader «Elegie» vorliegt. Waren seine Gedichte im Anfang, in der Zeit seiner Leipziger Liebe zu
Käthchen Schönkopf, noch ganz konventionelle Rokoko-Lyrik, so be-
freite er sich in seinen «Sesenheimer Liedern» an Friederike zu einer
heiteren, ganz eigenen Liebeslyrik, zu seinem eigenen lyrischen Stil.
Eine tragische Note verlieh seinen Liebesgedichten dann die zwiespäl-

tige Liebe zu Lili, und gänzlich vergeistigte Liebeslyrik stellen die «Verse an Lida», an die Seelenfreundin Charlotte von Stein, dar. Sinnlich-erotisch sodann die aus Italien- und Christiane-Erlebnis gleichermaßen erwachsenen Lieder und Elegien, auf die danach die Sonette aus der Zeit des «Äugelns» mit Minchen und Bettine folgen, in deren zu dichterischer Selbstzucht zwingender Kunstform uns das poetische Analogon zu Goethes erotischem Entsagen vorliegt, bevor die Stanzen der «Elegie» diese Entsagung vollendet zum Ausdruck bringen. Es ist typisch für Goethe, der seinen Glauben an die Selbstheilungskräfte der Natur nie verlor, daß er die düstere «Elegie» nicht für sich bestehen ließ, sondern sie als Mittelstück in seine «Trilogie der Leidenschaft» einfügte und das versöhnliche Gedicht «Aussöhnung» auf sie folgen ließ.

Gewidmet waren diese Zeilen der polnischen Pianistin Maria Szymanowska, deren Klavierspiel Goethe in Böhmen tief beeindruckt hatte, um so mehr, als er es just in der Phase seiner verworrenen Leidenschaft zu Ulrike vernahm und tief bewegt wurde durch die heilende Kraft der Musik:

Die Leidenschaft bringt Leiden! – Wer beschwichtigt
Beklommnes Herz, das allzuviel verloren?
Wo sind die Stunden, überschnell verflüchtigt?
Vergebens war das Schönste dir erkoren!
Trüb' ist der Geist, verworren das Beginnen;
Die hehre Welt, wie schwindet sie den Sinnen!

Da schwebt hervor Musik mit Engelschwingen,
Verflicht zu Millionen Tön' um Töne,
Des Menschen Wesen durch und durch zu dringen,
Zu überfüllen ihn mit ew'ger Schöne:
Das Auge netzt sich, fühlt im höhern Sehnen
Den Götterwert der Töne wie der Tränen.

Und so das Herz erleichtert merkt behende,
Daß es noch lebt und schlägt und möchte schlagen,
Zum reinsten Dank der überreichen Spende
Sich selbst erwidernd willig darzutragen.
Da fühlte sich – o daß es ewig bliebe! –
Das Doppelglück der Töne wie der Liebe.

Der Kanzler Friedrich von Müller hält in seinen «Unterhaltungen mit Goethe» unter dem Datum des 24. Oktober 1823 fest, daß Goethe diese Stanzen auf Maria Szymanowska gedichtet habe, um seinen Dank auszusprechen, «daß ihr seelenvolles Klavierspiel seinem Gemüte zuerst wieder Beruhigung schaffte, als die Trennung von Levetzows ihm eine so tiefe Wunde schlug.»[260] Und der Malerin Julie von Egloffstein berichtet er über Goethes Neigung zu der Pianistin: «Sie sehen also, daß seine Leidenschaft für Ulrike Levetzow wenigstens nicht exklusiv ist und daß ich recht habe zu behaupten, nicht dieses einzelne Individuum, sondern das gesteigerte Bedürfnis seiner Seele überhaupt nach Mitteilung und Mitgefühl habe seinen jetzigen Gemütszustand herbeigeführt.»[261]

Er mag mit dieser Beobachtung durchaus recht gehabt haben. Goethes Einsamkeit nach dem Tod Christianes hatte nun schon sieben Jahre gewährt, und er sehnte sich nach liebevoller Zuneigung. Daß er die Eigenschaften, die er in seiner Umgebung vermißte, auf die junge Ulrike übertrug, ist unter diesen Umständen mehr als wahrscheinlich, und wie eine Bestätigung der Vermutung des Kanzlers lesen sich die Worte der Karoline von Wolzogen an Karoline von Humboldt: «Wie es bei ihm immer war, der Wert des Gegenstandes liegt bloß in seiner Vorstellung, denn eigentlich soll gar nichts Vorzügliches daran sein.»[262]

Über Ulrike selbst sind wenige glaubhafte Zeugnisse überliefert, abgesehen davon, daß auch sie, wie Cornelia, Frau von Stein, Minchen Herzlieb und Silvie Ziegesar eine Vorliebe für weiße Kleider gehabt haben soll und damit zumindest äußerlich dem von Goethe zuweilen präferierten Frauentypus einer unnahbaren «Äbtissin» geglichen haben mag. Noch im Herbst 1897 erzählt sie dem Goethe-Forscher Ludwig Stettenheim eine reizende Anekdote aus dem Marienbader Sommer 1823 – Dokument einer mädchenhaften Verschämtheit, wie sie die Frauenerziehung der Goethezeit häufig produzierte: *Goethe erfreute sich, mit mir und unserem Kreise junger Mädchen zu verkehren. Er lehrte uns Gesellschaftsspiele. Eines Tages saßen wir wieder beisammen, und Goethe schlug folgendes Spiel vor: Ein Mitglied der Gesellschaft muß ein Thema anschlagen und darüber reden. Der Nachbar fährt fort; aber ein anderer hat das Recht, ein Wort einzuwerfen, das in die Erzählung verwoben werden muß, und so geht das Spiel weiter. Ich begann nun von einer schönen Gegend zu reden und spann das Thema aus. Das Spiel ging im Kreise herum, und als ich wieder darankam, warf Goethe das Wort ‹Strumpfband› ein. Ich wurde rot und wußte nicht, was ich sagen sollte. Da lachte Goethe und half mir aus der Verlegenheit, indem er selbst die Erzählung fortsetzte, und zwar ging er sogleich auf den Strumpfband-Orden über.*[263]

Am 13. November 1899, bereits an der Schwelle zu unserem Jahrhundert, verstarb Ulrike von Levetzow unverheiratet im hohen Alter von fünfundneunzig Jahren als Stiftsfräulein vom Heiligen Grabe.

Der Nachklang jenes für Goethe so leidenschaftlichen Marienbader Sommers 1823 mutet fast banal an, liest man die beiden braven Nachschriften, die Ulrike in den Jahren 1824 und 1827 den Geburtstagsbriefen ihrer Mutter an Goethe anfügt, in Erinnerung an den gemeinsam verbrachten 28. August 1823. *Geehrter Herr Geheime Rat*, so klingt die Nachschrift von 1824, *heute vor einem Jahre hatten wir das Vergnügen, bei-*

Ulrike von Levetzows Geburtstagsgruß an Goethe vom 28. August 1824. Beilage zu den Briefen ihrer Mutter und ihrer Schwestern.

nahe den ganzen Tag mit Ihnen in Ellbogen zuzubringen [...], heute ist es anders, aber gewiß nicht besser, denn wir entbehren das Glück in Ihrer Gesellschaft zu sein, und darum dürfen wir auch aussprechen, was wir fühlen an dem Tage, der Sie uns und der Welt schenkte. Nehmen Sie daher unsere besten innigsten Wünsche für Ihr Glück und Ihre Zufriedenheit von uns mit freundlichem Wohlwollen an und erinnern sich auch entfernt zuweilen an Ihre ergebene Freundin Ulrike.[264]

Im Jahre 1827 versichert die «ergebene Freundin» dem «geehrten Herrn Geheime Rat», sie werde am Geburtstag auf Goethes Gesundheit trinken: *Auch Ihr Töchterchen vereinigt ihre Wünsche für Ihr Wohl mit jenen der Mutter und trinkt aus Ihrem Glase, dem Unterpfand Ihres gütigen Wohlwollens, heute Ihre Gesundheit. Ulrike.*[265] Und noch das alte Stiftsfräulein, das einsam auf einem Gut ihres Stiefvaters in der Nähe des böhmischen Teplitz lebt und, glaubt man dem Germanisten August Sauer, auf allzu zudringliche Goethe-Forscher ihre Hunde hetzt[266], beteuert am Ende ihrer «Erinnerungen an Goethe» in rührender Unschuld: *Ich könnte wohl noch viel von der Zeit erzählen, doch ich denke, das genügt, um all das Fabelhafte, was darüber gedruckt, zu widerlegen – denn: keine Liebschaft war es nicht.*[267]

Über Goethe hat Ulrike von Levetzow sich in ihren Altersbriefen nur selten geäußert. Als 1899, in ihrem Todesjahr, Goethes 150. Geburtstag gefeiert werden soll, schreibt sie an Theodora Ruperti, eine Enkelin ihres Vaters aus dessen zweiter Ehe, gereizt (fast könnte man sagen: entnervt): *Du wirst wohl wissen, liebe Theodora, daß den 28. August von allen Göthe Gesellschaften und Schwärmern sein 150. Geburtstag gefeiert wird, und zu diesem Zweck bilden sie sich auch ein, daß auch ich dabei sein muß, da leider durch die Zeitungen mein Name so verbreitet und bekannt geworden ist.*[268] Diese Publizität lag Ulrike von Levetzow ganz und gar nicht. Die ganze Sorge ihres Alters galt Familienangelegenheiten, galt dem Wetter und dem Einmachen, ihren Hunden und dem Schweineschlachten, galt nicht zuletzt dem Erhalt der Familiengüter. Den großen Besitz, den sie im Alter bewohnte, schritt sie bis kurz vor ihrem Tod täglich ab, stolz und, so wird überliefert, in aufrechter Haltung – «gewiß keine bedeutende Individualität, aber eine würdige Repräsentantin deutsch-böhmischer Aristokratie und ihrer Lebensformen»[269].

Ulrike von
Levetzow im
Alter

Epilog

Am Ende angelangt, stellt sich die Frage, weshalb es so schwierig ist, die Frauen um Goethe aus seinem Schatten heraustreten zu lassen. Am ehesten will dies noch bei Charlotte Buff-Kestner und Lili Schönemann-von Türckheim gelingen: obwohl auch bei diesen ihr Verhältnis zu Goethe uns nur aus dessen Sicht kenntlich wird, sind zumindest ihre späteren Jahre durch so ausführliche Selbstzeugnisse dokumentiert, daß es uns möglich wird, sie vor unserem geistigen Auge Kontur gewinnen zu lassen – als lebenstüchtige Frauen, in deren Biographie Goethe nur als (wenngleich bedeutende) Fußnote figuriert.

Anders ist es bei Friederike Brion, Minchen Herzlieb und Ulrike von Levetzow: ihr weiteres Leben ist entweder so gut wie gar nicht (so bei Friederike) oder nur durch alltägliche Familienkorrespondenz (so bei Minchen und Ulrike) dokumentiert. Ob Friederikes Herz tatsächlich nach der Trennung von Goethe brach, bleibt offen, und in eklatantem Mißverhältnis zur spärlichen Überlieferung steht die umfängliche Friederike-Literatur, die – gemäß Goethes Wort, daß nur das Unzulängliche produktiv sei – das Ende der Liebesbeziehung entweder psychoanalytisch hinterfragte oder sentimentalisierend zum Mythos vom «Opfer» Friederikes verkitschte, das diese durch ihren Verzicht auf Goethe seiner Schriftstellerkarriere dargebracht habe (so etwa Franz Lehár in seiner Operette «Friederike»). Dazu treten gewichtige Stimmen der Anklage gegen den «gewissenlosen» Goethe, der das Mädchen im Stich gelassen habe, von Rahel Varnhagen von Ense bis hin zu Hilde Spiel. Sie alle stützen ihre Vorwürfe jedoch ausschließlich auf einen einzigen Zeugen der Anklage: auf Goethe selbst. Daß dessen Autobiographie gerade hinsichtlich ihrer Frauenkapitel jedoch eine fragwürdige Quelle darstellt, hat sich mehr als einmal erwiesen.

Es ist durchaus nicht auszuschließen, daß Friederike – ähnlich wie Minchen und Ulrike – ein harmonisches Leben als unverheiratete Frau im Kreise ihrer Angehörigen einem Leben als Ehefrau und Mutter vorzog.

Wieder anders steht es um Marianne von Willemer, Charlotte von Stein und Christiane Vulpius. Sie alle kann man schon deswegen kaum aus dem Schatten Goethes heraustreten lassen, weil sie ihm zeit ihres Lebens in stürmischer oder verhaltener, in distanzierter oder kindlicher Zuneigung verbunden blieben. Für Marianne, in der durch ihre Begegnung mit Goethe bis dahin ungeahnte dichterische Fähigkeiten geweckt wurden, war Goethe der ferne Geliebte – ihrem Ehemann Johann Jakob von Willemer gegenüber, dem einstigen Pflegevater, der sie aus dem Theatermilieu ‹errettet› hatte, mag das Gefühl pflichtschuldiger Dankbarkeit das der Liebe überwogen haben. Charlotte von Steins Beziehung zu Goethe, sicherlich eine der kompliziertesten, vollzog sich im Wechsel von Zuneigung und Abwehr, von Dankbarkeit und Gekränktheit, von Liebe und Haß. Immer aber blieb Goethe – seit dem Tag, an dem er in ihr Leben getreten war – Mittelpunkt ihres Daseins. Ebenso verhielt es sich bei Christiane Vulpius, deren Vertrauen in den Geliebten grenzenlos war, vom Tag ihres Kennenlernens am 12. Juli 1788 bis zu ihrem Tod am 6. Juni 1816. Unbefangen kleckst sie ihre liebenswerten Briefe aufs Papier, deren abenteuerliche Orthographie den Editoren, vielleicht auch schon Goethe selbst, ihrem ersten Leser, manch Kopfzerbrechen bereitet hat, läßt ihn teilhaben an den Geschäften des Alltags, dem Hausputz und der Gartenpflege oder *hupst* nach eigenem Bekunden im Garten oder um den Tisch herum, wann immer Goethe ihr ein Geschenk zusendet, über das sie sich ebenso kindlich zu freuen vermag wie der Sohn August.

Neben der zentralen Stellung Goethes im Leben dieser Frauen und neben dem erdrückenden Übergewicht seiner Perspektive in der Überlieferung (uns sind insgesamt etwa 2400 Briefe von Goethe an die hier vorgestellten Frauen überliefert, davon über 1800 an Frau von Stein, von den Frauen an Goethe insgesamt etwa 370 Briefe, davon allein etwa 250 von Christiane) gibt es jedoch noch einen dritten Grund, der uns den unverstellten Blick auf die Frauen erschwert. Goethes Zeugnisse über sie nämlich sind selten von «den Erscheinungen der Wirklichkeit abstrahiert», um es in seinen eigenen Worten an Eckermann auszudrücken, sondern häufig Übertragungen seiner eigenen Vorstellungen von diesen Frauen. Dies gilt für Friederike Brion, deren Familie für ihn mit der des «Landpfarrers von Wakefield» verschmolz, ebenso wie für Charlotte Buff, die er sentimentalisierend zu Werthers Lotte verzeichnete. Es gilt für Marianne von Willemer, die Suleika seiner Hatem-Episode, ebenso wie für Ulrike von Levetzow, auf die er all die weiblichen Eigenschaften projizierte, nach denen er in dieser letzten Periode seines Lebens Sehnsucht empfand – scharfsinnige Zeitgenossen wie der Kanzler von Müller oder Karoline von Wolzogen haben dies erkannt.

Und so mögen hier Worte des Essayisten Ernst Penzoldt stehen: «‹Alles um Liebe›, das ist Goethe. Muß es einem nicht die Angst vor ihm nehmen, wenn man weiß, daß er ein Liebender war? Ich denke jetzt nicht an die Namen Friederike, Lotte, Christiane, Marianne, Ulrike und so weiter. Es gibt Bilder von ihnen, die nach meinem Dafürhalten nicht allzu ergiebig sind, jedenfalls lange nicht so überzeugend wie die Gedichte, die sie hervorgerufen haben. Fast könnte man auf den Gedanken kommen, sie alle stehen für die Eine, die es so nicht gab, für ihn, den es ja auch vorher nicht gegeben hatte. Denn er hat aus sich einen exemplarischen Menschen gemacht (und die, welche ihm begegneten, spürten es), der notwendig und im tiefsten Grunde einsam bleiben mußte, gewiß von beachtlichen Trabanten, von Monden begleitet. Wer in sein Kraftfeld geriet, mußte um ihn kreisen, im gehörigen Abstand.»[270]

Man möchte diese goethezentrierte Betrachtungsweise, die all seine Wegbegleiter zu «Trabanten» degradiert, heute einerseits anfechten. Dazu gehört unter anderem, die Frauen als eigenständige und verwundbare Persönlichkeiten wahrzunehmen; dazu gehört folglich auch die berechtigte Kritik an Goethes zahlreichen Fluchten, durch die er seine Freundinnen verletzte, und besonders an seinem grenzenlosen Egoismus, in dem er seiner Lebensgefährtin Christiane Vulpius achtzehn Jahre der gesellschaftlichen Ächtung in einer ‹wilden Ehe› zumutete.

Andererseits sollte diese Abwehrhaltung nicht so weit gehen, die Zeugnisse der Zeit vor der Folie eigener emanzipatorischer Vorstellungen zu lesen, die ihr noch fremd waren und die erst in der Ära der Romantik entstanden. Bettine Brentano markiert hier mit ihrem ausgeprägten Hang zur Individualität und zur Freisetzung des eigenen Ich (wobei immerhin auch sie sich noch zu Goethes «Kind» stilisiert!) eindeutig einen Gegentypus zu den meisten anderen Frauen um Goethe. Bezeichnend, daß Marianne von Willemer noch zwanzig Jahre nach Goethes Tod, am 27. Mai 1852, in einem Brief an Herman Grimm das, was heute als emanzipiertes Selbstbewußtsein verstanden wird, als kaum erträgliche «Eitelkeit» der Familie Brentano beklagt: «Es ist ganz eigen, daß durch die ganze Brentanoische Familie dieser Grundzug oder dieser Windzug durchweht, und daß alle produktiven Glieder der Familie diesen Krankheitsstoff mit in ihre geistreichsten Gebilde einschmuggeln, wie die Bettine, die sich nicht entblödet, mehrere von Göthes Gedichten im Divan für ihre Gedanken auszugeben, und deren Ich immer vor ihre Werke gespannt ist, damit man den Postillion gehörig blasen hört.»

Marianne von Willemers bescheidener Verzicht auf eigenen Ruhm, die Zurücknahme ihres Ich (ein Tribut, den die gesellschaftliche Rollenverteilung der vorromantischen Goethezeit von der Frau forderte), steht im Kontrast zur Betonung des Ich bei Bettine, und es ist durchaus bezeichnend für den Typus Frau, der Goethe anzog, daß Bettine, die nachmalige Sozialreformerin und sicherlich eine der emanzipiertesten seiner Freundinnen, die ihm nicht nur ergeben war, sondern auch forderte, dem Dichter ein wenig unheimlich und zunehmend lästig war. Als einzige der Frauen drehte sie den Spieß um: Sie entzog sich Goethes projizierenden Spiegelungen und projizierte nun ihrerseits ihre Vorstellungen von Goethe und ihrem Verhältnis zu ihm in «Goethes Briefwechsel mit einem Kinde».

Anmerkungen

Folgende Goethe-Ausgaben werden in den Anmerkungen abgekürzt zitiert:

HA: Werke. Hamburger Ausgabe. 14 Bände. München [12]1981

HA Briefe: Briefe von und an Goethe. Hamburger Ausgabe. 6 Bände. München [3]1988

WA: Goethes Werke. (Weimarer Ausgabe). Weimar 1887–1919

Bode, Vertrauliche Briefe: Goethe in vertraulichen Briefen seiner Zeitgenossen. Zusammengestellt von Wilhelm Bode. 3 Bände. München 1982 (revidierte Neuausgabe der Ausgabe 1918–1923)

Biedermann, Gespräche: Goethes Gespräche. Eine Sammlung zeitgenössischer Berichte aus seinem Umgang auf Grund der Ausgabe und des Nachlasses von Flodoard Freiherrn von Biedermann ergänzt und herausgegeben von Wolfgang Herwig. 5 Bände. Zürich / München 1965–87

Für weitere abgekürzt zitierte Literatur sei auf die Bibliographie verwiesen.

1 Dichtung und Wahrheit B. 7, HA 9, S. 283
2 Vgl. Hoock-Demarle, S. 82 f.
3 HA Briefe 1, S. 55
4 Ebd., S. 121
5 Ebd., S. 145
6 Ebd., S. 189
7 Biedermann, Gespräche I, S. 29
8 HA Briefe 1, S. 55
9 Ebd., S. 64 f.
10 Ebd., S. 65
11 Dichtung und Wahrheit B. 12, HA 9, S. 520
12 Guggenbühl, S. 151
13 Ebd., S. 157
14 Dichtung und Wahrheit B. 12, HA 9, S. 521 f.
15 Wilhelm Meisters Wanderjahre, HA 8, S. 375
16 HA Briefe 1, S. 120
17 Ebd., S. 121
18 Ebd.
19 Ebd., S. 122
20 Bode, Vertrauliche Briefe 2, S. 639
21 HA Briefe 1, S. 272 f.
22 Ebd., S. 65
23 Jorns 1964, S. 219
24 August Kestner, S. 75–77
25 Ulrich, S. 59
26 August Kestner, S. 56
27 Wolff, S. 52
28 August Kestner, S. 250
29 Ebd., S. 9
30 Ulrich, S. 60 f.
31 August Kestner, S. 44
32 Wolff, S. 53
33 Dichtung und Wahrheit B. 12, HA 9, S. 553
34 Dichtung und Wahrheit B. 13, HA 9, S. 586
35 August Kestner, S. 69
36 Ebd., S. 80
37 Ebd., S. 52
38 Ebd., S. 180
39 Ebd., S. 203
40 Ebd., S. 219
41 Ebd., S. 233
42 Ulrich, S. 90
43 Ebd., S. 127
44 Ebd., S. 123

45 Ebd., S. 140
46 Ebd., S. 138 f.
47 Ebd., S. 141
48 Ebd., S. 142
49 Ebd., S. 161
50 Ebd., S. 155–157
51 HA Briefe 2, S. 460
52 Jorns 1959, S. 275
53 Hoock-Demarle, S. 76
54 Günther, S. 286
55 Ebd., S. 287
56 Ulrich, S. 184
57 Biedermann, Gespräche II, S. 1164
58 Jorns 1964, S. 192 f.
59 Dichtung und Wahrheit B. 12, HA 9, S. 544
60 August Kestner, S. 79
61 Ebd., S. 155
62 Eckermanns Gespräche mit Goethe, Dritter Teil, 5. 3. 1830
63 Ries, S. 25
64 Ebd., S. 29
65 Ebd., S. 30
66 So in dem berühmten Gedicht «Lilis Park» (HA 1, S. 98)
67 HA Briefe 1, S. 188
68 Ebd., S. 193
69 Eissler 1, S. 170
70 Ebenfalls im Gespräch mit Soret vom 5. 3. 1830 (Eckermanns Gespräche mit Goethe, Dritter Teil)
71 HA Briefe 1, S. 176 f.
72 Ebd., S. 187
73 Ebd., S. 273
74 Suphan, S. 33
75 Ebd., S. 35
76 Ries, S. 37
77 Die Briefe, im Original zum größten Teil französisch geschrieben, werden hier nach der bei Ries abgedruckten Übersetzung von Richard Dohse zitiert. Neben den 141 von Ries veröffentlichten Briefen hat Jules Keller (1987) in Familienarchiven noch zahlreiche weitere Briefe Lilis entdeckt und publiziert.
78 Ries, S. 39
79 Ebd., S. 252 f.
80 Ebd., S. 53
81 Ebd., S. 40 f.
82 Ebd., S. 118
83 Ebd., S. 185
84 Ebd., S. 166
85 Ebd., S. 255
86 Ebd., S. 44
87 Biedermann, Gespräche III/2, S. 268 (überliefert durch den Kanzler Friedrich von Müller)
88 Seydel, S. 43
89 Ebd., S. 45
90 Ebd., S. 45
91 Ebd., S. 59
92 Ebd., S. 205
93 Ebd., HA Briefe 1, S. 132
94 Fränkel 1, S. 20
95 Seydel, S. 77
96 Fränkel 1, S. 27
97 Ebd., S. 29
98 Ebd., S. 28
99 Ebd., S. 43
100 Ebd., S. 86
101 Ebd., S. 211
102 Ebd., S. 218
103 Ebd., S. 237
104 Ebd., S. 286
105 Ebd., S. 291
106 Ebd., S. 314
107 WA IV (Briefe), 6, S. 110
108 HA Briefe 1, S. 207 f.
109 Fränkel 2, S. 111
110 Ebd., S. 168
111 Seydel, S. 262 (Charlotte von Stein an Karl Ludwig von Knebel am 30. 8. 1786)
112 Ebd., S. 267
113 Biedermann, Gespräche I, S. 471
114 Fränkel 2, S. 383 f.
115 Seydel, S. 329
116 Ebd., S. 329
117 Ebd., S. 330
118 Ebd., S. 332
119 Ebd., S. 339
120 «Dido», S. 70 f.
121 Biedermann, Gespräche I, S. 709
122 «Dido», S. 39
123 Seydel, S. 346
124 Ebd., S. 364
125 Ebd., S. 366
126 Ebd., S. 443
127 Ebd., S. 466

128 Ebd., S. 470
129 Bode, Charlotte von Stein, S. 469
130 Seydel, S. 471 f.
131 Biedermann, Gespräche I, S. 398
132 Brückner, S. 13
133 Karoline Jagemann: Erinnerungen. Hg. von Eduard von Bamberg. Dresden 1926, S. 97
134 Biedermann Gespräche II, S. 148
135 Ebd., I, S. 831
136 Bode, Vertrauliche Briefe 2, S. 85
137 Ebd., S. 100
138 Ebd., S. 415
139 Biedermann, Gespräche III/2, S. 268
140 Richard Friedenthal: Goethe. Sein Leben und seine Zeit. München/Zürich ¹¹1982, S. 282: «Selbst Christiane wird ihn bis an ihr Ende nie anders als Herr Geheimrat bezeichnen; es ist nicht einmal sicher, ob sie ihn auf dem gemeinsamen Lager je anders als mit Sie angesprochen hat.»
141 Hofer, S. 291
142 Gräf I, S. 42
143 Biedermann, Gespräche III/1, S. 200
144 Ebd., I, S. 779
145 Ebd., S. 948 f.
146 Ebd., S. 761 f.
147 Gräf 1, S. 59
148 Ebd., S. 62
149 Ebd., S. 142
150 Ebd., 2, S. 544
151 Ebd., 1, S. 61
152 Ebd., S. 79
153 Ebd., S. 104 f.
154 Ebd., S. 105
155 Ebd., S. 512 f.
156 Ebd., S. 70
157 Ebd., S. 87
158 Ebd., S. 75
159 Ebd., S. 93
160 Ebd., S. 159
161 Ebd., S. 180 f.
162 Ebd., S. 208
163 HA 1, S. 317
164 Gräf 1, S. 227
165 Ebd., S. 81
166 Ebd., S. 91
167 Ebd., 2, S. 578
168 Ebd., S. 599
169 Ebd., S. 609
170 WA IV (Briefe), 19, S. 197
171 Ebd., S. 204
172 Gräf 1, S. 40
173 Ebd., S. 40
174 Ebd., S. 40
175 Ebd., 2, S. 546
176 Gräf 1916 (Aufsatz), S. 251
177 Gräf 1, S. 401 f.
178 Ebd., S. 318
179 Ebd., S. 486
180 Bode, Vertrauliche Briefe 2, S. 355
181 Gräf 1, S. 449
182 Theodor Storm: Briefe an seine Braut. Braunschweig 1915, S. 166
183 WA IV (Briefe), 27, S. 52
184 HA Briefe 3, S. 358
185 Lamey, S. 143
186 Wahnes, S. 75
187 Gräf 2, S. 721
188 Ebd., S. 624
189 Wahnes 140
190 Ebd., S. 142
191 Ebd., S. 150
192 Ebd., S. 149 f.
193 Gaedertz, Goethes Minchen, S. 48 f.
194 Gaedertz, Bei Goethe zu Gaste, S. 23
195 Wahnes, S. 159 f.
196 Ebd., S. 168 f.
197 K. Bäumer, S. 119
198 Bode, Vertrauliche Briefe 2, S. 331
199 Schmitz, S. 830
200 Ebd., S. 827
201 Ebd., S. 825
202 Ebd., S. 228 f.
203 Ebd., S. 1028
204 Ebd., S. 580
205 Ebd., S. 593
206 Ebd., S. 648
207 Ebd., S. 714
208 Ebd., S. 627
209 Ebd., S. 627
210 Ebd., S. 627

211 Vgl. die zeitgenössischen Briefe bei Bode, Vertrauliche Briefe 2, S. 530 ff.
212 Gräf 2, S. 716
213 Schmitz, S. 242
214 Ebd., S. 637
215 Ebd., S. 617
216 Ebd., S. 575 f.
217 Ebd., S. 584
218 Ebd., S. 633 f.
219 Ebd., S. 585
220 Ebd., S. 593
221 Ebd., S. 654
222 Ebd., S. 655
223 Ebd., S. 296
224 HA Briefe 4, S. 201
225 Schmitz, S. 657
226 Ebd., S. 729
227 WA IV (Briefe), 37, S. 299
228 H. Grimm 1869, S. 4
229 Weitz, S. 7
230 Gräf 2, S. 812
231 Weitz, S. 11
232 Ebd., S. 12
233 Ebd., S. 49
234 Ebd., S. 17
235 Ebd., S. 60
236 Ebd., S. 69
237 Ebd., S. 73
238 Ebd., S. 74 f.
239 Ebd., S. 77
240 Ebd., S. 84 f.
241 Ebd., S. 148 f.
242 Ebd., S. 158
243 Ebd., S. 158 f.
244 Ebd., S. 266 f.
245 Ebd., S. 275
246 Ebd., S. 114
247 Erinnerungen, S. 6
248 Ebd., S. 7
249 Ebd., S. 9
250 Ebd., S. 10 f.
251 Biedermann, Gespräche III / 1, S. 552
252 Bode, Vertrauliche Briefe 3, S. 159 f.
253 Biedermann, Gespräche III / 1, S. 539
254 WA IV (Briefe), 37, S. 299
255 HA Briefe 4, S. 88
256 HA 1, S. 762
257 Biedermann, Gespräche III / 1, S. 648
258 Ebd., S. 573
259 Ebd., S. 573 f.
260 Ebd., S. 605
261 Ebd., S. 586 f.
262 Ebd., S. 552
263 Ebd., S. 514 f.
264 HA Briefe an Goethe 2, S. 396
265 Ebd., S. 465
266 A. Sauer in seiner Einleitung zu Ulrike von Levetzows «Erinnerungen», S. 3
267 Erinnerungen, S. 12
268 Zit. nach A. Giachi, FAZ vom 28. 3. 1970
269 Ebd.
270 E. Penzoldt: Gesammelte Schriften in sieben Bänden. Jubiläumsausgabe zum 100. Geburtstag, Band VII. Frankfurt a. M. 1992, S. 371

Zeittafel

1742	25. Dezember: Charlotte von Schardt, später von Stein, vermutlich in Eisenach geboren.
1746	Käthchen Schönkopf in Leipzig geboren.
1749	28. August: Johann Wolfgang Goethe in Frankfurt am Main geboren.
1750	7. Dezember: Goethes Schwester Cornelia geboren.
1752	Friederike Brion in Niederrödern geboren.
1753	Charlotte Buff in Wetzlar geboren.
1758	23. Juni: Anna Elisabeth Schönemann (Lili) in Frankfurt am Main geboren.
1764	8. Mai: Hochzeit der Charlotte von Schardt mit Gottlob Ernst Josias Friedrich Freiherrn von Stein.
1765	1. Juni: Christiane Vulpius in Weimar geboren.
1765–1768	Goethe studiert in Leipzig. Bekanntschaft mit Käthchen Schönkopf. «Das Buch Annette», «Die Laune des Verliebten».
1770	Hochzeit von Käthchen Schönkopf mit Dr. jur. Christian Karl Kanne.
1770/71	Goethe studiert in Straßburg. Bekanntschaft mit Friederike Brion in Sesenheim. «Friederike-Lieder».
1772	Mai–September: Goethe ist Praktikant am Reichskammergericht in Wetzlar. 9. Juni: Bekanntschaft mit Charlotte Buff auf einem Ball in Volpertshausen. 11. September: Goethe reist heimlich aus Wetzlar ab. 29./30. Oktober: Selbstmord Karl Wilhelm Jerusalems in Wetzlar.
1773	4. April: Hochzeit von Charlotte Buff und Johann Christian Kestner, Übersiedlung der Kestners nach Hannover. 1. November: Hochzeit von Goethes Schwester Cornelia mit Johann Georg Schlosser.
1774	9. Januar: Hochzeit der Maximiliane von LaRoche mit Peter Anton Brentano. «Die Leiden des jungen Werthers», «Clavigo».
1775	Bekanntschaft Goethes mit Lili Schönemann. April: Verlobung. Herbst: Lösung des Verlöbnisses. «Stella», «Lili-Lieder», «Egmont» begonnen. November: Ankunft in Weimar. Bekanntschaft mit Charlotte von Stein.
1776	«Verse an Lida», «Die Geschwister».
1777	8. Juni: Tod von Goethes Schwester Cornelia.
1778	25. August: Hochzeit Lili Schönemanns mit Bernhard Friedrich von Türckheim.
1779	«Iphigenie auf Tauris» (Prosafassung). – September: Besuch Goe-

	thes bei Friederike Brion in Sesenheim und bei Lili von Türckheim in Straßburg anläßlich seiner zweiten Schweizer Reise.
1783–1786	Frau von Steins jüngster Sohn Fritz lebt in Goethes Haus und wird von Goethe erzogen.
1784	20. November (?): Marianne Jung (später Marianne von Willemer) vermutlich in Linz an der Donau geboren.
1785	4. April: Bettine Brentano in Frankfurt am Main geboren.
1786–1788	Goethes Italien-Reise. Unter anderem Umarbeitung der «Iphigenie auf Tauris» in Verse. «Egmont» abgeschlossen.
1788	12. Juli: Bekanntschaft Goethes mit Christiane Vulpius in Weimar. Bald darauf Beginn ihrer Lebensgemeinschaft. «Römische Elegien».
1789	22. Mai: Wilhelmine Herzlieb in Züllichau geboren. 25. Dezember: Goethes Sohn August geboren.
1793	Tod des Freiherrn von Stein. Frau von Stein verfaßt ihr fünfaktiges Trauerspiel «Dido».
1798	Übersiedlung der Wilhelmine Herzlieb von Züllichau nach Jena mit ihren Pflegeeltern Friedrich und Johanna Frommann.
1800	Bekanntschaft Marianne Jungs mit Johann Jakob von Willemer. Aufnahme in die Familie Willemer als Pflegetochter. 24. Mai: Tod Johann Christian Kestners.
1803	15. Oktober: Charlotte Kestner schreibt an Goethe und bittet ihn um Protektion für ihren fünften Sohn Theodor (geboren 1779). Frau von Steins Drama «Die zwey Emilien» erscheint anonym bei Cotta.
1804	4. Februar: Geburt der Ulrike von Levetzow in Löbnitz (Sachsen).
1806	Beginn der ausführlichen Gespräche Bettine Brentanos mit Goethes Mutter über die Jugend ihres Sohnes. 14. Oktober: Schlacht bei Jena und Auerstedt. Besetzung Weimars. 19. Oktober: Hochzeit Goethes mit Christiane Vulpius nach achtzehnjähriger Lebensgemeinschaft.
1807	23. April: Bekanntschaft Goethes mit Bettine Brentano in Weimar. November–Dezember: Bekanntschaft Goethes mit Minchen Herzlieb im Frommannschen Haus in Jena.
1807/08	«Sonette» (im Rahmen des «Sonettenkrieges»).
1808	13. September: Tod der Mutter Goethes.
1809	«Wahlverwandtschaften».
1810	Käthchen Schönkopf gestorben. 11. August: Begegnung von Goethe und Bettine Brentano in Teplitz.
1811	11. März: Hochzeit von Bettine Brentano mit Achim von Arnim. 25. August – Mitte September: Das Ehepaar von Arnim weilt in Weimar. Häufige Begegnungen mit Goethe. 13. September: Streit Bettine von Arnims mit Christiane von Goethe. Goethes vorläufiger Bruch mit Bettine. «Dichtung und Wahrheit», erster Teil.
1812	«Dichtung und Wahrheit», zweiter Teil.
1813	Friederike Brion in Meißenheim gestorben.
1814	«Dichtung und Wahrheit», dritter Teil. Juli: Beginn der Arbeit am «West-östlichen Divan». Juli–Oktober: Goethes Reise in die Rhein- und Maingegend. August: Begegnung mit Marianne Jung. 27. September: Marianne Jung heiratet ihren Pflegevater Johann Jakob von Willemer.
1815	Mai–Oktober: Goethes zweite Reise in die heimatliche Rhein- und

	Maingegend. 26. September: Letzte Begegnung Goethes mit Marianne von Willemer in Heidelberg.
1816	Tod Christiane von Goethes. September/Oktober: Charlotte Kestner besucht mit ihrer Tochter Clara die Schwester Amalie Ridel in Weimar, bei dieser Gelegenheit am 25. September Wiederbegegnung Lottes mit Goethe.
1817	6. Mai: Lili von Türckheim in Krautergersheim gestorben. 17. Juni: Hochzeit August von Goethes mit Ottilie von Pogwisch.
1818	9. April: Goethes Enkel Walther geboren.
1819	Der «West-östliche Divan» erscheint.
1820	18. September: Goethes Enkel Wolfgang geboren.
1821	Hochzeit von Minchen Herzlieb mit Karl Wilhelm Walch. Juli–September: Goethe in Marienbad und Eger. Begegnung mit Ulrike von Levetzow.
1822	Juni–August: Goethe in Marienbad und Eger. Wiederum intensiver Kontakt zur Familie von Levetzow.
1823	Juli–September: Goethe in Marienbad, Eger und Karlsbad. Erfolgloser Heiratsantrag an Ulrike von Levetzow. «Marienbader Elegie». Bettine von Arnim beginnt mit ihrer Arbeit an einem Goethe-Denkmal.
1827	6. Januar: Charlotte von Stein gestorben. 29. Oktober: Goethes Enkelin Alma geboren.
1828	16. Januar: Charlotte Kestner in Hannover gestorben.
1830	7. August: Tagebuchnotiz Goethes: «Frau von Arnims Zudringlichkeit abgewiesen.» 26. Oktober: Goethes Sohn August in Rom gestorben. Charlotte Kestners Sohn August kümmert sich darum, dem Vater die Nachricht schonend übermitteln zu lassen und sorgt für August von Goethes Begräbnis.
1832	22. März: Goethe gestorben.
1833	«Dichtung und Wahrheit», vierter Teil, postum erschienen.
1835	Bettine von Arnim veröffentlicht «Goethes Briefwechsel mit einem Kinde».
1859	20. Januar: Bettine von Arnim in Berlin gestorben.
1860	6. Dezember: Marianne von Willemer in Frankfurt am Main gestorben.
1865	10. Juli: Minchen Herzlieb in Görlitz nach jahrzehntelanger psychischer Krankheit gestorben.
1899	13. November: Ulrike von Levetzow bei Teplitz in Böhmen gestorben.

Zeugnisse

Carl August von Sachsen-Weimar
Goethe habe stets zu viel in die Weiber gelegt, seine eignen Ideen in ihnen geliebt, eigentlich große Leidenschaft nie empfunden.

Carl Augusts Meinung zum Thema «Goethe und die Frauen» im Referat des Kanzlers Friedrich von Müller, 27. 5. 1828

Karoline von Humboldt
[...] es freut mich, daß Du Goethe noch so ein paar ruhige Stunden gesehen und genossen hast. Ich kann mir den alten Herrn in seiner Burg recht lebhaft denken. Manchmal kann es mich so recht schmerzen, daß bei solch einer reichen Natur das Glück einer uneigennützig ganz sich hingebenden Liebe ihm doch wohl in dem Lauf langer Jahre nicht geworden ist.

An Wilhelm von Humboldt, Bad Ems, 7. 8. 1819

Wilhelm von Humboldt
Über Goethe schreibst Du sehr schön und richtig. Liebe hat ihm immer gefehlt; er hat sie schwerlich empfunden, und die rechte ist ihm nie geworden. Allein der wahre Grund dazu ist doch wohl das früh in ihm waltende schaffende Genie und die Phantasie gewesen. Wo sich die Natur einen solchen eigenen und inneren Weg bahnt, da wird es wohl unmöglich, sich einem anderen Wesen in der Wirklichkeit uneigennützig hinzugeben, und ohne das ist keine Liebe denkbar. Man muß sich immer erst verlieren, um sich schöner und reicher wieder zu empfangen. Aber eine Leere läßt es dann freilich im Leben zurück, und ich glaube nicht, daß außer den Stunden und Zeiten des glücklichen Hervorbringens Goethe eigentlich glücklich oder reich in sich beschäftigt ist.

An Karoline von Humboldt, Berlin, 16. 8. 1819

Friedrich Gundolf
Aber ich möchte Goethes Leidenschaften und gar seine Liebeleien nicht als Ursache ansehen, sondern als Symptome dafür, daß er von vornherein ein erschütterter, ein nicht verliebter, sondern (im Sinne Platons) liebender Mensch war: er war sein ganzes Leben lang vom Eros besessen. Wie sich der Künstler von vornherein in künstlerischem Zustand befindet, so unterscheidet es den Dichter vom gewöhnlichen Menschen, daß er sich immer im leidenschaftlichen und liebenden Elemente bewegt: er ist der leidenschaftliche Mensch schlechthin. Nicht immer findet er Gegenstände, noch seltener Verkörperungen seines Traumes: aber immer liebt er, immer ist er ein Liebender... und er dichtet nicht, wann oder weil er verliebt ist, wie der Alltagsmensch wohl auch seinen Mai und seine Flamme hat,

nein: weil er ein dichterischer, ein glühender Mensch ist, weil sein dichterischer Dämon Liebe ist, begegnen ihm die Schönen, worin seine Liebe sich finden, ausbreiten, widerhallen kann. Kurz, die Liebe ist in Goethe immer früher da als die Geliebten, wie das Singen früher ist als die Gesänge. Goethe hat nicht die Friederikenlieder gedichtet, weil ihm Friederike begegnet ist, sondern weil Friederikenlieder in ihm schwangen, hat er die Friederike gesehn.   Goethe. Berlin 1916

Theodor Reik

Wenn wir das Liebesleben des jungen Dichters überblicken, erkennen wir mit Erstaunen, wie bestimmte Züge wiederkehren, dieselbe Seligkeit und derselbe Schmerz in den verschiedenen Beziehungen mit Frauen in derselben Reihenfolge erscheint – wie wenn er unter der Gewalt eines ‹Wiederholungszwanges› im Sinne Freuds stünde. Es ist dasselbe typische Erlebnis, das die Beziehungen des jungen Goethe zu Frauen bestimmt: eine heftige stürmische Verliebtheit, eine Periode der Qual und des Schwankens und schließlich die Flucht vor dem Liebesobjekt. Starke sexuelle Impulse drängen vor und verlangen gebieterisch Befriedigung; ein stärkeres Verbot läßt sie nicht zu; der psychische Konflikt steigert sich, bis er in Verzicht ausgeht.

Warum verließ Goethe Friederike? Imago 15, 1929

Egon Friedell

Die große Tat des ‹Werther› ist die Entdeckung der prinzipiell unglücklichen Liebe, worin sich auch der feminine Zug des Zeitalters äußert, denn diese ist die spezifisch weibliche Form der Liebe. Goethe selber aber hat sich im ‹Werther› von seiner Liebe befreit, indem er sie objektivierte, gewissermaßen zu einem selbständigen, von ihm losgelösten Geschöpf machte. Die reinigende und erlösende Funktion, die die Kunst in seinem Leben spielte, steht im Zusammenhang mit seiner sonderbaren Haltung gegen alle geliebten Frauen, die ein psychologisches Problem für sich bildet. Er brach mit Käthchen Schönkopf, er verließ Friederike Brion, er löste sein Verlöbnis mit Lili, allemal ohne ersichtlichen Grund. Auch seine Neigung zu Lotte war keine ‹unglückliche Liebe› im vulgären Sinne. Er fühlte, daß Lotte von ihrem Verlobten zu ihm hinüberglitt; und genau in diesem Augenblick zog er sich von ihr zurück […]. Er ließ überhaupt alle sitzen, bis auf zwei: Frau von Stein, weil sie schon einen Mann hatte, und Christiane, weil sie ihm ungefährlich war. Und selbst von der Frau von Stein trennte er sich eines Tages, und wiederum ohne greifbare Ursache. Man könnte zur Erklärung dieses rätselhaften Verhaltens vielleicht auf Goethes ganze geistige Struktur hinweisen. Er suchte in allem, auch in der Frau, das Urphänomen, und darum konnte ihm keine einzelne auf die Dauer genügen. Sodann hatte er als Künstler, und das heißt, als ewig Wandernder überhaupt vor dem Weib Angst, in dem er das stabilisierende, fixierende Prinzip erblicken mußte. Der tiefste Grund dürfte aber wohl darin zu suchen sein, daß ihm jede Passion in dem Augenblick gegenständlich wurde, zur objektiven ‹Gestalt› gerann, wo er sich vor den Entschluß gestellt sah, aus ihr reale Konsequenzen zu ziehen, sei es in der Form einer Ehe oder eines demokratischen Seelenbundes. Wäre er kein Dichter gewesen, so hätte er sich entweder zu einem ‹normalen› Verhalten gezwungen oder wäre an diesen Konflikten zugrunde gegangen. Aber er besaß das Ventil seiner Kunst, durch die er, wie man heute vielleicht sagen würde, abreagierte: in ihr finden wir das Feuer seiner Leidenschaft aufbewahrt, aber zur kühlen festen Lavamasse erstarrt.

Kulturgeschichte der Neuzeit 1927–32

Bibliographie

1. Goethe und die Frauen – Allgemeines

a) Quellen

Goethes Freundinnen. Briefe zu ihrer Charakteristik. Hg. von Gertrud Bäumer. Leipzig Berlin ²1919

Haberland, Helga; Pehnt, Wolfgang: Frauen der Goethezeit in Briefen, Dokumenten und Bildern von der Gottschedin bis zu Bettine von Arnim. Eine Anthologie. Stuttgart 1960

«Lieber Engel, ich bin ganz dein». Aus Goethes Briefen an Frauen. Hg. von Angelika Maass. Stuttgart 1996

b) Darstellungen

Bode, Wilhelm: Goethes Liebesleben. Berlin 1914

–: Weib und Sittlichkeit in Goethes Leben und Denken. Berlin 1916 (⁴1926)

–: Neues über Goethes Liebe. Berlin 1921

Brion, Marcel: Und jeder Atemzug für dich. Goethe und die Liebe. Wien, Hamburg 1982

Corßen, Friedrich: Die Frauen in Goethes Leben und Dichtung. Lüneburg 1932

Crawford, Mary Caroline: Goethe and His Women Friends. Boston 1911 (Nachdruck New York 1973)

Dünnwald, Willi: Goethe liebend und geliebt. Gummersbach 1948

Düntzer, Heinrich: Frauenbilder aus Goethes Jugendzeit. Studien zum Leben des Dichters. Stuttgart 1852

Eissler, Kurt R.: Goethe. Eine psychoanalytische Studie. 1775–1786. München 1987

Elster, Ernst: Goethe und die Liebe. Marburg 1932

Hoock-Demarle, Marie-Claire: Die Frauen der Goethezeit. München 1990

Huber, Richard: Hätschelhans: Goethe als Liebhaber. In: Sexualmedizin 11, 1982, H. 9, S. 407–411 und H. 10, S. 448–453

Jameson, Kate W.: Goethes Stellung zur Frau nach Selbstzeugnissen aus der Zeit vor 1800. Diss. Madison 1916

Klein, Johannes: Die Tragik in Goethes Liebeserlebnissen. In: Ders.: Das große Frauenbild im Erlebnis geistiger Männer. Marburg 1951, S. 25–44

Kühn, Paul: Die Frauen um Goethe. 2 Bände. Leipzig 1912

Kühnlenz, Fritz: Weimarer Porträts. Männer und Frauen um Goethe und Schiller. Rudolstadt 1970

Lewes, Louis: Goethes Frauengestalten. Stuttgart ²1900

Schneck, Erna Hulda: Goethe's Attitude Toward Women in His Utterances after 1800. Diss. Madison 1934

Seidel, Ina: Goethe und die Frau. In: Die Frau 39, 1932, S. 735–748 (Auch in: Dies.: Frau und Wort 1965, S. 100–128)

Stahr, Adolf: Goethes Frauengestalten. 2 Bände. Berlin 1865/68, [8]Oldenburg, Leipzig 1891

Taxis-Bordogna, Olga Gräfin: Frauen von Weimar. München [3]1950

Theilhaber, Felix Aaron: Goethe. Sexus und Eros. Berlin 1929

Viebahn, Georg E.: Goethe und die Frauen. Aus dem Leben des vom Eros leidenschaftlich Bewegten. Frankfurt a. M. 1992

Vincent, Ernst: Leidenschaft und Klarheit. Frauen in Goethes Leben. Gotha 1930

2. Käthchen Schönkopf

a) Quellen

Goethes Briefe an Christian Gottlob Schönkopf und seine Tochter Käthchen. Leipzig 1913 (Xenien-Bücher 16)

Goethes Briefe an Ernst Wolfgang Behrisch. Hg. und komm. von Ludwig Geiger. In: Goethe-Jahrbuch 7, 1886, S. 76–118 und 142–151

b) Darstellungen

Elster, Ernst: Käthchen Schönkopf. In: Deutsche Rundschau 100, 1899, S. 325–327

D'Harcourt, Robert: L'éducation sentimentale de Goethe. Paris 1931

Vogel, Julius: Käthchen Schönkopf. Eine Frauengestalt aus Goethes Jugendzeit. Leipzig 1920

3. Friederike Brion

a) Quellen

Stöber, August: Der Dichter Lenz und Friederike von Sesenheim. Aus Briefen und gleichzeitigen Quellen, nebst Gedichten und Anderm von Lenz und Goethe. Basel 1842

b) Darstellungen

Bielschowsky, Albert: Friederike und Lili. Fünf Goethe-Aufsätze. München [2]1906, S. 19–62 und S. 197–202

Bode, Wilhelm: Die Schicksale der Friederike Brion vor und nach ihrem Tode. Berlin 1920

Brion, Marcel: Une idylle de Goethe. Frédérique Brion. In: Revue des deux Mondes 560, 1932, S. 541–573

Decharme, Paul: Goethe et Frédérique Brion. Paris 1908

Döhler, Margarete: Eine Spur der verschollenen Briefe Goethes an Friederike Brion. In: Goethe 28, 1966, S. 289–295

Düntzer, Heinrich: Friederike von Sesenheim im Lichte der Wahrheit. Stuttgart 1893

Elster, Ernst: Friederike. In: Berichte des Freien Deutschen Hochstifts, NF 12, 1896, S. 1–18

Falck, Paul Theodor: Friederike Brion von Sesenheim. Eine chronologisch bearbeitete Biographie nach neuem Material aus dem Lenz-Nachlasse. Berlin 1884

Froitzheim, Johann: Friederike von Sesenheim. Gotha 1893

Guggenbühl, Willy: Sessenheim. Saverne 1961. (Zu Friederike bes. S. 123–159)

Hahn, Karl: Um ihr Lebensglück betrogen: Friederike. In: Ders.: Schicksal und Gesetz: Betrachtungen zur Unausweichlichkeit des Seinsgesetzlichen. Frankfurt a. M. 1983, S. 75–88

Kaiser, Hans: Zur Geschichte Friederike Brions und ihrer Familie. In: Jahrbuch für Geschichte, Sprache und Literatur Elsaß-Lothringens 27, 1911, S. 121–156

Ley, Stephan: Goethe und Friederike. Versuch einer kritischen Schlußbetrachtung. Bonn 1947

List, Friedrich: Friederike Brion. Ein Beitrag zu Goethes elsässischer Schuld und zur Psychologie seiner Liebe. Baden-Baden [4]1954

Lucius, Philipp Ferdinand: Friederike Brion von Sessenheim. Straßburg [3]1904

Matzen, Raymond: Bilder und Klänge aus Sesenheim. Kehl, Straßburg, Basel 1982

–: Goethe, Friederike und Sesenheim. Kehl, Straßburg, Basel [3]1985

–: Das Sesenheimer Liebesidyll. Friederike Brion in Goethes Liedern und Schriften. Kehl, Straßburg, Basel [2]1984

Metz, Adolf: Friederike Brion. München [2]1924

Moschkau, Alfred: Friederike Brion von Sesenheim. Leipzig 1878

Müller, Gustav Adolf: Urkundliche Forschungen zu Goethes Sesenheimer Idylle und Friederikes Jugendgeschichte. Bühl 1894

–: Sesenheim, wie es ist und Der Streit über Friederike Brion, Goethes Jugendlieb. Ein Beitrag zu friedlicher Einigung. Bühl 1894

–: Goethe in Straßburg. Leipzig 1896

Näke, August Ferdinand: Wallfahrt nach Sesenheim. Berlin 1840

Pfeiffer, Freimund: Goethes Friederike. Leipzig 1841

Reik, Theodor: Warum verließ Goethe Friederike? In: Imago 15, 1929, S. 400–537 (auch als Buch erschienen in Wien 1930 mit dem Untertitel: «Eine psychoanalytische Monographie»)

Roche, Maurice: Goethe et Frédérique Brion. Straßburg 1957

Wild, Herbert: Das Gästebuch des Sesenheimer Pfarrhauses. Kehl, Straßburg, Basel 1983

4. Charlotte Buff-Kestner

a) Quellen

Goethe und Werther. Hg. von August Kestner. Stuttgart 1854 (Unter dem Titel «Goethe, Kestner und Lotte» neu herausgegeben von Eduard Berend, München 1914 = Goethe und seine Zeitgenossen 1)

Blätter aus dem Werther-Kreis. Hg. von Eugen Wolff. Breslau 1894

Ein Brief Charlotte Kestners an Goethe aus dem Jahre 1803. Hg. von Oskar Ulrich. In: Goethe-Jahrbuch 25, 1904, S. 82–86

Ein Brief von Werthers Lotte. Hg. von Marie Jorns. In: Goethe 21, 1959, S. 273–279 (Lotte an ihre Schwester Amalie Ridel am 19. 11. 1812)

Rothmann, Kurt: Johann Wolfgang Goethe. Die Leiden des jungen Werthers. Erläuterungen und Dokumente. Stuttgart 1971

b) Darstellungen

Baldensperger, Fernand: Une anecdote werthérienne racontée par le fils de Charlotte. In: Goethe-Jahrbuch 34, 1913, S. 211 f.

Bode, Wilhelm: Lotte Kestner in Weimar. In: Stunden mit Goethe. Hg. von Wilhelm Bode. Bd. 9. Berlin 1913, S. 314–317

Diestelkamp, Bernhard, u. a.: Das Reichskammergerichtsmuseum Wetzlar. Wetzlar 1987 (Katalog)

Düntzer, Heinrich: Goethes Lotte und «Die Leiden des jungen Werthers». In: Ders.: Studien zu Goethes Werken. Elberfeld, Iserlohn 1849, S. 89–209

–: Charlotte Buff und ihre Familie. In: Ders.: Abhandlungen zu Goethes Leben und Werken. Bd. 1. Leipzig 1885, S. 66–114

Flender, Herbert: Professor Gloël und der Goethe-Lotte-Verein. Überarbeitete Fassung eines am 11. März 1983 gehaltenen Vortrages. Wetzlar 1983

Gloël, Heinrich: Goethes Wetzlarer Zeit. Berlin 1911

–: Goethe und Lotte. Berlin 1922

–: Der Wetzlarer Goethe. Wetzlar 1932

Günther, Otto: Goethe und Lotte 1816. In: Goethe-Jahrbuch 14, 1893, S. 284–289

Herbst, Wilhelm: Goethe in Wetzlar 1772. Vier Monate aus des Dichters Jugendleben. Gotha 1881

Hering, Robert: Aus dem Deutschen Hause zu Wetzlar. In: Jahrbuch des Freien Deutschen Hochstifts 1908, S. 274–301

Jorns, Marie: Aus dem Leben Johann Christian Kestners und Lottes geb. Buff in Hannover. Neustadt an der Aisch 1956 (Vortrag)

–: August Kestner und seine Zeit 1777–1853. Das glückliche Leben des Diplomaten, Kunstsammlers und Mäzens in Hannover und Rom. Hannover 1964

Krogmann, Willy: Goethes Ringen mit Wetzlar. Berlin 1932

Lange, Gerhard: Struktur- und Quellenuntersuchungen zur «Lotte in Weimar». Bayreuth 1970

Migge, Walther: Goethes «Werther». Entstehung und Wirkung. Frankfurt a. M. 1967

Mignon, Heinrich: Goethe in Wetzlar. Kleine Chronik aus dem Sommer 1772. Wetzlar ³1986

Price, Lawrence Marsden: Richardson, Wetzlar and Goethe. In: Mélanges d'histoire littéraire générale et comparée, offerts à Fernand Baldensperger. Bd. 2. Paris 1930, S. 174–187

–: Charlotte Buff, Mme. Riccoboni and Sophie LaRoche. In: Germanic Review 6, 1931, S. 1–7

Rahmeyer, Ruth: Werthers Lotte. Ein Brief – ein Leben – eine Familie. Hannover 1994

Rösch, Siegfried: Die Familie Buff. Einblick in eine mehr als 400-jährige Familiengeschichte. Neustadt an der Aisch 1953 (dazu 1955 Ergänzungen und Berichtigungen)

Schmidt, Hartmut, u. a.: Lottehaus und Jerusalemhaus. Wetzlars Goethe-Stätten. Wetzlar 1987 (Katalog)

–: Der Deutsche Orden in Wetzlar 1285–1809. (Wetzlarer Museumsschriften 4). Wetzlar 1992

Seher, Ludwig: Das Lotte-Haus in Wetzlar. In: Goethe-Jahrbuch 28, 1907, S. 258–261

Ulrich, Oskar: Charlotte Kestner. Ein Lebensbild. Bielefeld und Leipzig 1921 (Nachdruck Goslar 1987, mit einem Nachwort von Hartmut Schmidt)

5. Lili Schönemann-von Türckheim

a) Quellen

Zwei Briefe von Elise von Türckheim an Goethe und Goethes Antworten. Hg. von Bernhard Suphan. In: Goethe-Jahrbuch 13, 1892, S. 30–40

Die Briefe der Elise von Türckheim, geb. Schönemann, Goethes Lili. Hg. von John Ries. Frankfurt a. M. 1924

Lili Schönemann. Lettres inédites, journal intime et extraits de papiers de famille. Hg. von Julius Keller. Bern, Frankfurt a. M. 1987

b) Darstellungen

Bach, Adolf: Elisabeth Schönemann, Friedrich von Türckheim und ihre Begegnung im Emser Bad im Juli 1778. In: Nassauische Annalen 77, 1966, S. 58–67

Beutler, Ernst: Lili. Wiederholte Spiegelungen. In: Ders.: Essays um Goethe. Bremen [6]1957, S. 191–331

Bielschowsky, Albert: Friederike und Lili. Fünf Goethe-Aufsätze. München [2]1906, S. 105–152 und S. 206–209

Dürckheim, Friedrich Eckbrecht Graf von: Lili's Bild geschichtlich entworfen. Nördlingen 1879 (neu herausgegeben von Albert Bielschowsky. München 1894)

Heuer, Otto: Lilis Bild. In: Jahrbuch des Freien Deutschen Hochstifts 1905, S. 267–274

–: Erinnerungen an Lili. In: Jahrbuch des Freien Deutschen Hochstifts 1913, S. 250–296

Joseph, Eugen: Goethe und Lili. In: Straßburger Goethe-Vorträge. Straßburg 1899, S. 65–86

Ries, John: Goethes Lili. In: Elsaß-Lothringisches Jahrbuch 1, 1922, S. 159–178 (Vortrag)

Servaes, Franz: Goethes Lili. Bielefeld [2]1920

Wilmanns, Wilhelm: Goethes Belinde. In: Goethe-Jahrbuch 1, 1888, S. 155–173

6. Charlotte von Stein

a) Quellen

Stein, Charlotte von: Dido. Hg. von Alexander von Gleichen-Rußwurm. Berlin 1920

–: Die zwey Emilien. Hg. von Julius Petersen. In: Jahrbuch der Sammlung Kippenberg 3, 1923, S. 127–232

–: Die Verschwörung gegen die Liebe. Hg. von Franz Ulbrich. Braunschweig 1948

Goethes Briefe an Frau von Stein. Kritische Gesamtausgabe. Hg. von Jonas Fränkel. 3 Bände, Jena 1908 (Neuausgabe Berlin 1960–1962). Enthält auch den Briefwechsel 1794–1826

Elf Briefe von Charlotte von Stein an Goethe. Hg. von Julius Wahle. In: Goethe-Jahrbuch 20, 1899, S. 105–113

Ein unbekannter Brief Goethes an Charlotte von Stein. Hg. von Hans Wahl. In: Goethe 7, 1942, S. 220–226 (auch in: Hans Wahl: Alles um Goethe. Hg. von Dora Wahl. Weimar 1956, S. 75–84)

Geliebte Freundin: Goethes Briefe an Charlotte von Stein nach Großkochberg nebst 17 unveröffentlichten Briefen der Amélie von Stein, geb. Seebach. Hg. von Lothar Papendorf. München [2]1981

Charlotte von Stein und Johann Wolfgang von Goethe. Die Geschichte einer großen Liebe. Hg. von Renate Seydel. München 1993

b) Darstellungen

Bode, Wilhelm: Charlotte von Stein. Berlin [4]1918

Bohm, Arnd: Charlotte von Steins «Dido». In: Colloquia Germanica 22, 1989, S. 38–52

Boy-Ed, Ida: Das Martyrium der Charlotte von Stein. Versuch ihrer Rechtfertigung. Stuttgart, Berlin [2]1916

Düntzer, Heinrich: Charlotte von Stein, Goethes Freundin. Ein Lebensbild. 2 Bände. Stuttgart 1874

–: Charlotte von Stein und Corona Schröter. Eine Verteidigung. Stuttgart 1876

–: Zu den Briefen Goethes an Frau von Stein. In: Archiv für Literaturgeschichte 6, 1877, S. 528–560

Fischer-Lambert, Hanna: Charlotte von Stein – ein Bildungserlebnis Goethes. In: Deutsche Vierteljahrsschrift 15, 1937, S. 385–402

Fränkel, Jonas: Marginalien zu Goethes Briefen an Charlotte von Stein. Jena 1909

Hof, Walter: Um Mitternacht. Goethe und Charlotte von Stein im Alter. In: Euphorion 45, 1950, S. 50–82

–: Wo sich der Weg im Kreise schließt. Goethe und Charlotte von Stein. Stuttgart 1957 (leicht gekürzte und überarbeitete Neuausgabe unter dem Titel «Goethe und Charlotte von Stein», Frankfurt a. M. 1979)

Höfer, Edmund: Goethe und Charlotte von Stein. Berlin und Leipzig [7]1922

Kahn-Wallerstein, Carmen: Charlotte von Stein und Christiane Goethe. In: Goethe-Kalender 25, 1932, S. 108–137 (veränderter Wiederabdruck unter dem Titel «Über das Bild Charlottens und Christianens» in: Carmen Kahn-Wallerstein: Aus Goethes Lebenskreis. Bern 1946, S. 91–108)

Keeton, Kenneth: Charlotte, Goethe and Freiherr von Stein. In: Monatshefte 51, 1959, S. 25–30

Klauß, Jochen: Charlotte von Stein. Die Frau in Goethes Nähe. Zürich 1995

Kühne, Wilfried; Wilcke, Gero von: Alles um Liebe: Frau von Stein und ihre näheren Verwandten. In: Archiv für Sippenforschung 44, 1978, H. 69, S. 313–328

Lohss, Otti: Goethe und Charlotte von Stein. In: Goethe-Jahrbuch 103, 1986, S. 362–383

Luntowski, Adalbert: Charlotte von Stein. Leipzig 1913

Martin, Bernhard: Goethe und Charlotte von Stein. Gnade und Tragik ihrer Freundschaft. Kassel, Basel 1949

Maurer, Doris: Charlotte von Stein. Ein Frauenleben der Goethezeit. Bonn 1985

Maurina, Zenta: Liebe–Freundschaft. Goethe und Frau von Stein. In: Dies.: Gestalten und Schicksale. Essays. Memmingen [4]1973, S. 125–157

Nobel, Alphons: Frau von Stein. Goethes Freundin und Feindin. Frankfurt a. M. 1939

Pensa, Mario: Charlotte von Stein. In: Festschrift für Bonaventura Tecchi. Band 1. Rom 1969, S. 241–323

Redslob, Edwin: Charlotte von Stein. Ein Lebensbild aus der Goethezeit. Leipzig 1943

Reifenberg, Benno: Zwischen den Spiegeln. Erinnerungen an Charlotte von Stein. In: Ders.: Lichte Schatten. Frankfurt a. M. 1953

Seillière, Ernest: Charlotte von Stein und ihr antiromantischer Einfluß auf Goethe. Berlin 1914

Susman, Margarethe: Deutung einer großen Liebe. Goethe und Charlotte von Stein. Zürich 1951

Voss, Lena: Goethes unsterbliche Freundin. Leipzig 1921

Wilcke, Gero von: Zur Thüringer Herkunft der Frau von Stein. In: Archiv für Sippenforschung 43, 1977, H. 68, S. 273–278

Winter, Ingelore M.: Goethes Charlotte von Stein. Düsseldorf 1992

7. Christiane Vulpius-von Goethe

a) Quellen

Briefe von Goethes Frau an Nicolaus Meyer. Straßburg 1887

Goethes Briefwechsel mit seiner Frau. Hg. von Hans Gerhard Gräf. 2 Bände. Frankfurt a. M. 1916 (neu herausgegeben Potsdam 1937 unter dem Titel «Goethes Ehe in Briefen». Aufgrund der Edition von 1937 neu herausgegeben von Karl Eibl. Frankfurt a. M. 1989)

Elisa von der Recke an Johanna Schopenhauer (3.7.1816). Hg. von Fedinand Lamey. In: Goethe-Jahrbuch 13, 1892, S. 143f.

b) Darstellungen

Beutler, Ernst: Christiane. In: Ders.: Essays um Goethe. Bremen [6]1957, S. 536–548

Bradish, Joseph A.: Goethe und Christiane. Mit Hinzuziehung von sechs unveröffentlichten Urkunden zu Goethes Ehe. In: German Quarterly 20, 1947, S. 109–121

–: Sechs unveröffentlichte Urkunden zu Goethes Ehe. In: Chronik des Wiener Goethe-Vereins 61, 1957, S. 30–37

Buddensieg, Hermann: Christiane von Goethe. Zum Gedächtnis ihres 150. Todestages. In: Ruperto Carola 40, 1966, S. 129–143

Damm, Sigrid: Christiane und Goethe. Eine Recherche. Frankfurt a. M. 1998

Düntzer, Heinrich: Die neun ersten Jahre von Goethes Ehe. 1788–1797. In: Euphorion 8, 1901, S. 102–116 und S. 300–317

Federn, Etta: Christiane von Goethe. Ein Beitrag zur Psychologie Goethes. München [4]1920

Gräf, Hans Gerhard: Zum 6. Juni 1916. Eine Jahrhunderterinnerung. In: Jahrbuch der Goethe-Gesellschaft 3, 1916, S. 245–262 (Wiederabdruck in: Ders.: Goethe. Leipzig 1924, S. 267–285)

Hofer, Klara: Goethes Ehe. Stuttgart, Berlin [6]1922

Kahn-Wallerstein, Carmen: Charlotte von Stein und Christiane von Goethe. In: Goethe-Kalender 25, 1932, S. 108–137 (veränderter Wiederabdruck unter dem Titel «Über das Bild Charlottens und Christianens» in: Carmen Kahn-Wallerstein: Aus Goethes Lebenskreis. Bern 1946, S. 91–108)

Klein, Otto: Goethes kleine Freundin und Frau. Straßburg 1904

Kleßmann, Eckart: Christiane. Goethes Geliebte und Gefährtin. Zürich 1992

Kowohl, Carla Sabina: Johann Wolfgang Goethe e Christiana Vulpius. In: Cultura e Scuola 21, 1982, S. 59–66

Martin, Bernhard: Goethe und Christiane. Vom Wesen und Sinn ihrer Lebensgemeinschaft. Kassel, Basel 1949

Parth, Wolfgang W.: Goethes Christiane. Ein Lebensbild. München 1980

Steig, Reinhold: Christiane von Goethe und Bettina Brentano. In: Jahrbuch der Goethe-Gesellschaft 3, 1916, S. 135–163

Stettner, Thomas: Zwei Bilder der Christiane Vulpius. In: Ders.: Gefundenes und Erlauschtes. Ansbach 1929, S. 96–101

Vietor-Engländer, Deborah: Der Wandel des Christiane-Bildes 1916–1982. In: Goethe-Jahrbuch 102, 1985, S. 280–284

Vulpius, Wolfgang: Christiane. Lebenskunst und Menschlichkeit in Goethes Ehe. Weimar 1949 (Taschenbuchausgabe Weimar 1987)

8. Minchen Herzlieb

a) Quellen

Luise Seidler: Erinnerungen und Leben. Hg. von Hermann Uhde. Berlin [2]1875 (neu hg. von Joachim Müller, Weimar [2]1964)

b) Darstellungen

Düntzer, Heinrich: Minna Herzlieb und Goethes «Wahlverwandtschaften». In: Ders.: Abhandlungen zu Goethes Leben und Werken. Bd. 1. Leipzig 1885, S. 212–305

Fischer, Kuno: Goethes Sonettenkranz. Heidelberg 1895

Gaedertz, Karl Theodor: Goethes Minchen. Auf Grund ungedruckter Briefe geschildert. Bremen [2]1889

–: Neue Mitteilungen über Minchen Herzlieb. In: Ders.: Bei Goethe zu Gaste. Leipzig 1900, S. 1–32

Grimm, Herman: Goethe, Minna Herzlieb und Bettina Brentano. In: Preußische Jahrbücher 30, 1872, S. 591–603

Hesse, August: Minchen Herzlieb. Berlin 1878

Papendorf, Lothar: Die Bildnisse der Minna Herzlieb. Zu einem aufgefundenen unbekannten Porträt. In: Goethe 19, 1957, S. 213–218

Wahnes, Günther H.: Freundliches Begegnen. Goethe, Minchen Herzlieb und das Frommannsche Haus. Neu herausgegeben auf Grund von Friedrich Frommann: Das Frommannsche Haus und seine Freunde. Stuttgart, Jena 1927

9. Bettine Brentano-von Arnim

a) Quellen

Von Bettines Hauptwerk «Goethes Briefwechsel mit einem Kinde» gibt es zahlreiche Ausgaben: Herman Grimm (1835, [4]1890), Jonas Fränkel (Jena 1906; enthält auch den originalen Briefwechsel zwischen Bettine, Goethe und der Frau Rat), Heinz Amelung (Berlin 1914), Waldemar Oehlke (Berlin 1920; enthält ebenfalls den originalen Briefwechsel nach der Ausgabe von Fränkel; Neuausgabe Frankfurt a. M. [2]1986).

Lediglich den originalen Briefwechsel finden wir bei Reinhold Steig (Leipzig 1922) sowie Fritz Bergemann (Leipzig 1927). Die aktuellste Ausgabe von «Goethes Briefwechsel mit einem Kinde» und originalem Briefwechsel:

Bettine von Arnim: Goethes Briefwechsel mit einem Kinde. In: Werke und Briefe. Bd. 2. Hg. von Walter Schmitz und Sibylle von Steinsdorff. Frankfurt a. M. 1992

Briefe Goethes an Sophie von LaRoche und Bettina Brentano nebst dichterischen Beilagen. Hg. von Gustav von Loeper. Berlin 1879

Pitollet, Camille: Bettine von Arnim. Lettres inédites touchant la «Correspondence de Goethe avec une enfant». In: Revue Germanique 7, 1911, S. 558–568

b) Darstellungen

Arnim, Hans von: Bettina von Arnim. Berlin 1963

Bäumer, Konstanze: Bettine, Psyche, Mignon. Bettina von Arnim und Goethe. Stuttgart 1986

–; Schultz, Hartwig: Bettine von Arnim. Stuttgart 1995

Bergemann, Fritz: Neues von und über Bettina. In: Jahrbuch der Sammlung Kippenberg 2, 1922, S. 285–328

Beyer, Paul: Bettines Arbeit an «Goethes Briefwechsel mit einem Kinde». In: Von deutscher Sprache und Art. Hg. von Max Preitz. Frankfurt a. M. 1925, S. 65–82

Bianquis, Geneviève: Goethe et Bettine d'après leur correspondence authentique. In: Mélanges Charles Andler. Straßburg 1924, S. 45–66 (auch in: Geneviève Bianquis: Études sur Goethe. Paris 1951, S. 99–120)

Böttger, Fritz: Bettina von Arnim. Ein Leben zwischen Tag und Traum. Berlin 1986

Collins, Hildegard Platzer; Shelley, Philip Allison: The Reception in England and America of Bettine von Arnim's «Goethe's correspondence with a child». In: Anglo-German and American-German Crosscurrents. Vol. 2. Hg. von P. A. Shelley u. a. Chapel Hill 1962, S. 97–174

Dischner, Gisela: Bettine von Arnim. Eine weibliche Sozialbiographie aus dem 19. Jahrhundert. Berlin 1977

Drewitz, Ingeborg: Bettine von Arnim. Romantik, Revolution, Utopie. Eine Biographie. Köln 1969

Escher, Karl: Bettinens Weg zu Goethe. Berlin 1922

Faber du Faur, Curt von: Goethe und Bettine von Arnim. Ein neuer Fund. In: Publications of the Modern Languages Association of America 75, 1960, S. 216–230

Gajek, Enid Margarete: Bettine von Arnim und Goethe. In: Zeitwende 56, 1985, H. 2, S. 102–121

Geiger, Ludwig: Bettine Brentano und ihre Besuche bei Goethe. In: Archiv 131, 1913, S. 18–23

Germain, André: Goethe et Bettina. Le viellard et la jeune fille. Paris 1939

Gillet, Louis: La vraie histoire de Goethe et de Bettina. In: Revue des deux Mondes 501, 1922, S. 443–457

Grimm, Herman: Goethe, Minna Herzlieb und Bettina Brentano. In: Preußische Jahrbücher 30, 1872, S. 591–603

–: Bettinas letzter Besuch bei Goethe. In: Deutsche Rundschau 87, 1896, S. 35–46 (erweiterter Wiederabdruck in: Herman Grimm: Beiträge zur deutschen Culturgeschichte. Berlin 1897, S. 136–184)

Hajek, Hans: Die Mythisierung der Frau Rat durch Bettina Brentano. Diss. Wien 1937

Hesse, Hermann: Goethe und Bettina. In: Ders.: Betrachtungen. Berlin 1928, S. 212–223

Hirsch, Helmut: Bettine von Arnim. Reinbek bei Hamburg 1987

Kahn-Wallerstein, Carmen: Bettina ohne Goethe. In: Neue Schweizer Rundschau, NF 18, 1950/51, S. 36–46

–: Bettine. Die Geschichte eines ungestümen Herzens. Bern, München 1952

Kelling, Hans-Wilhelm: Bettine von Arnim. A Study in Goethe-Idolatry. In: News Bulletin. Rocky Mountains Modern Languages Association 23, 1969, S. 73–82

Milch, Werner: Bettine und Marianne. Zürich 1947

–: Goethe und die Brentano. In: Ders.: Kleine Schriften zur Literatur- und Geistesgeschichte. Heidelberg, Darmstadt 1957, S. 145–155

–: Die junge Bettine (1785–1811). Ein biographischer Versuch. Aus dem Nachlaß hg. von Peter Küpper. Heidelberg 1968

Oehlke, Waldemar: Bettine von Arnims Briefromane. Berlin 1905 (= Palaestra 41)

Schoof, Wilhelm: Goethe und Bettine Brentano. Zu Bettines 100. Todestag am 20. 1. 1959. In: Goethe 20, 1958, S. 213–224

Staff, Ilse: Johann Wolfgang von Goethe und Bettine Brentano. In: Allerhand Goethe. Hg. von Dieter Kimpel und Jörg Pompetzki. Frankfurt a. M. 1985, S. 237–256

Steig, Reinhold: Goethe in Bettinas Darstellung. In: Jahrbuch des Freien Deutschen Hochstifts 1904, S. 339–360

–: Christiane von Goethe und Bettina Brentano. In: Jahrbuch der Goethe-Gesellschaft 3, 1916, S. 135–163

–: Bettinas Besuch bei Goethe 1824. In: Deutsche Rundschau 168, 1916, S. 148–151

Vordtriede, Werner: Bettina und Goethe in Teplitz. In: Jahrbuch des Freien Deutschen Hochstifts 1964, S. 343–365

Weissenborn, Birgit: Bettine von Arnim und Goethe: Topographie einer Beziehung als Beispiel weiblicher Emanzipation zu Beginn des 19. Jahrhunderts. Frankfurt a. M. 1987

10. Marianne von Willemer

a) Quellen

Goethes Briefwechsel mit Marianne und Johann Jacob Willemer liegt in verschiedenen Ausgaben vor, hg. von Theodor Creizenach (Stuttgart ³1878), Philipp Stein (Leipzig 1908), Max Hecker (Leipzig ⁵1937: Heckers vollständigste Ausgabe, wobei aber der Kommentar der fünften Auflage kürzer ist als der der vierten Auflage von 1922) sowie Hans Joachim Weitz (Frankfurt a. M. 1986).

Weitere Quellen:

Ein ungedruckter Brief Goethes an Marianne von Willemer. (26. 8. 1815). Hg. von Alexander von Bernus. In: Das Reich 1, 1916/17, S. 612

Willemer, Marianne von: Gedichte. Hg. von Fritz Ernst. St. Gallen 1943 (Das Nachwort von Fritz Ernst auch in: Ders.: Essais. Bd. 2. Zürich 1946, S. 155–165)

Leben und Rollenspiel. Marianne von Willemer geb. Jung 1784–1860. Hg. von Christoph Perels. Frankfurt a. M. 1984 (Ausstellungskatalog des Freien Deutschen Hochstifts)

Im Namen Goethes. Der Briefwechsel Marianne von Willemer und Herman Grimm. Hg. von Hans-Joachim Mey. Frankfurt a. M. 1988.

b) Darstellungen

Angelloz, Joseph-François: Un couple exemplaire. Goethe et Marianne de Willemer. In: Mercure de France 308, 1950, S. 652–669

Behrens, Jürgen: Marianne – Mephistopheles?: ein Versuch. In: Jahrbuch des Freien Deutschen Hochstifts 1987, S. 114–133

Böckmann, Paul: Die Heidelberger Divan-Gedichte. In: Goethe und Heidelberg. Heidelberg 1949, S. 204–239

Brentano, Bernard von: Goethe und Marianne von Willemer. Die Geschichte einer Liebe. Zürich 1945

–: Daß ich eins und doppelt bin. Goethe und Marianne von Willemer. Wiesbaden 1961

Düntzer, Heinrich: Goethe und Marianne. In: Westermanns Monatshefte 28, 1870, S. 639–663

Grimm, Herman: Goethe und Suleika. In: Preußische Jahrbücher 24, 1869, S. 1–21

Kahn-Wallerstein, Carmen: Marianne von Willemer. Goethes Suleika und ihre Welt. Bern 1961

Kellner, Emilie: Goethe und das Urbild seiner Suleika. Leipzig 1876

Manger, Klaus: Der westöstliche Garten: Marianne von Willemers Gedicht «Das Heidelberger Schloß» und Goethe. In: Heidelberg im poetischen Augenblick. Hg. von Klaus Manger und Gerhard vom Hofe. Heidelberg 1987, S. 175–209

Meuer, Peter: Fülle des Augenblicks: drei Versuche über Goethe. Heidenheim 1985, S. 15–51

Milch, Werner: Bettine und Marianne. Zürich 1947

Pyritz, Hans: Goethe und Marianne von Willemer. Eine biographische Studie. Stuttgart 1941

–: Marianne von Willemer. Berlin 1944

Scherer, Wilhelm: Eine österreichische Dichterin. In: Ders.: Aufsätze über Goethe. Berlin 1886, S. 235–246

Schröer, Karl Julius: Goethe und die Liebe. Goethe und Marianne von Willemer. Neu hg. von Detlef Sixel. Dornach 1989

Smend, Friedrich: Ferner Freunde ward gedacht. Ein Beitrag zu Goethes Briefwechsel mit Marianne von Willemer. Berlin 1964

Steig, Reinhold: Aus Suleikas hohen Tagen. In: Jahrbuch des Freien Deutschen Hochstifts 1907, S. 214–229

Wacha, Georg: Marianne von Willemer: Goethes Suleika 1784–1860. Linz 1984

Zellweker, Edwin: Marianne von Willemer. Lebensbild einer Österreicherin. Wien 1949

11. Ulrike von Levetzow

a) Quellen

Briefe Goethes an Ulrike von Levetzow und ihre Mutter. Hg. von Bernhard Suphan. In: Goethe-Jahrbuch 21, 1900, S. 3–51

«Keine Liebschaft war es nicht.» Eine Textsammlung. Hg. von Jochen Klauß. Stuttgart/Zürich 1997

Levetzow, Ulrike von: Erinnerungen an Goethe. Hg. von August Sauer. Prag 1919

b) Darstellungen

Fernau, Joachim: War es schön in Marienbad: Goethes letzte Liebe. München 1984

Giachi, Arianna: Keine Liebschaft war es nicht. Ulrike von Levetzow, 50 Briefe und ein Altersfoto. In: Frankfurter Allgemeine Zeitung, 28.3.1970

Harnack, Adolf von: Meine Zeitgenossen aus dem 18. Jahrhundert. In: Jahrbuch des baltischen Deutschtums 37, 1989, S. 142–15

Meuer, Peter: Fülle des Augenblicks: drei Versuche über Goethe. Heidenheim 1985, S. 53–94

Sauer, August: Ulrike von Levetzow und ihre Erinnerungen an Goethe. In: Deutsche Arbeit 3, 1903/04, S. 293–307 (auch in August Sauer: Probleme und Gestalten. Stuttgart 1933, S. 19–38)

Sauer, Hedda: Goethe und Ulrike. Reichenberg 1925

Schmidt, Adalbert: Als Goethes letzte Liebe noch lebte. Begegnungen mit Ulrike von Levetzow. In: Sudetenland 31, 1989, S. 50–55

Siebenschein, Hugo: Goethes Liebesglück in Böhmen. In: Festgabe für L. L. Hammerich. Kopenhagen 1962, S. 255–269

Simson, Gerhard: Ulrike von Levetzow. Goethes Abschied vom Eros. In: Ders.: Schicksal im Schatten. München [2]1970, S. 129–154

Strubell, Wolfgang: Ulrike von Levetzow: Leben, Herkunft und Familienkreis In: Genealogie 30, 1981, H. 6, S. 566–582

Urzidil, Johannes: Goethe in Böhmen. Zürich [3]1981, S. 155–178

Namenregister

Die kursiv gesetzten Zahlen bezeichnen die Abbildungen

Über die Autorin

Astrid Seele, 1965 in Heidelberg geboren, Studium der Germanistik, Latinistik und Gräzistik an den Universitäten Konstanz und Wien. Studienaufenthalte in Jena und St. Andrews. 1990 M. A., 1993 Promotion. Nebenberufliche journalistische Tätigkeit, hauptberuflich tätig in Schule und Internat, zunächst in Gordonstoun/Schottland, dann in Heidelberg. Seit 1995 Gymnasiallehrerin an der Schweizer Schule in Mailand. Veröffentlichung: Römische Übersetzer. Nöte, Freiheiten, Absichten. Darmstadt 1995.

Quellennachweis der Abbildungen

Freies Deutsches Hochstift – Frankfurter Goethe-Museum, Frankfurt a. M.: Umschlagvorderseite, 9, 13, 36, 53, 101, 113, 114, 118, 119, 133
Archiv für Kunst und Geschichte, Berlin: 2, 10, 32, 33, 98, 107, 127, 129, Umschlagrückseite unten Mitte (Freies Deutsches Hochstift – Frankfurter Goethe-Museum), Umschlagrückseite unten rechts; Stiftung Weimarer Klassik/Museen: 59, 67, 68, 70, 77, Umschlagrückseite oben links
Bildarchiv Preußischer Kulturbesitz, Berlin: 6, 17, 28, 47, 103, 109 (Nationalgalerie), 123 (Stiftung Weimarer Klassik/Museen), 125 unten, Umschlagrückseite oben Mitte
Aus: Ernst Traumann: Goethe der Weimarer Student. Leipzig 1910: 15
Städtische Sammlungen Wetzlar: 25, 27, 31, 37
Aus: Kurt Rothman (Hg.): Johann Wolfgang Goethe. Die Leiden des jungen Werthers (Erläuterungen und Dokumente). Stuttgart 1971: 30
Astrid Seele: 35
Aus: Oskar Ulrich: Charlotte Kestner. Ein Lebensbild. Bielefeld und Leipzig 1921, Nachdruck Goslar 1987: 39
Historisches Museum Hannover: 42, 43
Kestner-Museum, Hannover: 44
Historisches Museum Frankfurt a. M.: 55
Aus: Lili Schönemann. Lettres inédites, journal intime et extraits de papiers de famille. Hg. von Jules Keller. Bern, Frankfurt a. M. 1987: 56, 57
Stiftung Weimarer Klassik/Museen, Weimar (Fotos Sigrid Geske): 61, 72, 79, 80, 91, 95
Effi Biedrzynski, Stuttgart: 87
Ullstein Bilderdienst, Berlin: 105, Umschlagrückseite oben rechts
Aus: Schriften der Goethe-Gesellschaft. Bd. 15: Goethes Elegie. Weimar 1900: 122
Aus: Fanny Lewald: Römisches Tagebuch 1845/64. Hg. von Heinrich Spiero. Leipzig 1927: 125 oben
Goethe-Schiller-Archiv 28/565: 132 (Foto: Stiftung Weimarer Klassik)
Goethe-Museum Düsseldorf: Umschlagrückseite unten links